Thomas Deville

L'art du storytelling

Maîtriser l'art de raconter des histoires captivantes

Avenet Edition

Clause de non-responsabilité :

Les informations contenues dans ce livre sont uniquement à des fins éducatives et informatives. L'auteur et l'éditeur ne garantissent pas que les stratégies décrites produiront des résultats pour tous les lecteurs. Il est important de comprendre que les résultats dépendent de nombreux facteurs tels que le secteur d'activité, la concurrence, l'économie et d'autres facteurs externes. En conséquence, l'auteur et l'éditeur ne peuvent être tenus responsables de tout dommage ou perte subie en relation avec l'application des informations contenues dans ce livre.

"Les histoires sont devenues la méthode par défaut pour communiquer de l'information, à tel point que nous avons besoin d'apprendre à raconter de bonnes histoires pour que notre message puisse être entendu."

Peter Guber

"Ce qui reste dans l'esprit de quelqu'un, c'est une histoire. Si vous pouvez raconter une histoire, les gens se souviendront de vous et de votre message."

Andrew Stanton

"Les histoires sont le véhicule par lequel nous transitons tous vers l'avenir. Elles sont les outils qui nous permettent de traverser les frontières du temps et de l'espace humain."

Frank Rose

Sommaire

Introduction

Le pouvoir des histoires est immense. Elles ont la capacité de nous émouvoir, de nous inspirer et de nous transporter vers de nouveaux mondes. Les histoires peuvent nous faire rire, pleurer, réfléchir et agir. Elles peuvent créer des liens entre les personnes, transcender les cultures et les générations, et façonner notre compréhension de nous-mêmes et du monde qui nous entoure.

Dans "L'art du storytelling", je vous invite à explorer cet univers fascinant et à découvrir comment les histoires peuvent être utilisées de manière efficace et créative dans le marketing et la communication. Que vous soyez un entrepreneur, un marketeur, un auteur ou simplement un passionné de récits, ce livre vous guidera à travers les étapes essentielles pour maîtriser l'art du storytelling et créer des histoires percutantes et inoubliables.

Au fil des pages, vous découvrirez comment les histoires ont évolué au fil du temps et comment elles sont devenues un outil essentiel pour toucher et captiver votre audience. Nous verrons ensemble pourquoi le storytelling est si important et comment il agit sur notre cerveau, forgeant des souvenirs durables et des émotions profondes.

Ce livre vous offrira également des conseils pratiques et des techniques pour élaborer des récits captivants qui résonnent avec votre audience. Vous apprendrez à construire des personnages authentiques et attachants, à structurer vos récits de manière efficace et à insuffler de l'émotion et de l'humour dans vos histoires. Nous aborderons également l'importance de comprendre et de répondre aux besoins de votre public cible pour créer des histoires qui les touchent et les inspirent.

Dans le monde du marketing et de la communication, le storytelling est un outil précieux pour créer des connexions durables avec votre audience et donner une âme à votre entreprise. En maîtrisant l'art du storytelling, vous serez en mesure de vous démarquer de la concurrence, de susciter l'intérêt et la curiosité de vos clients et de les inciter à agir.

"L'art du storytelling" est une invitation à plonger au cœur de cet univers passionnant et à découvrir les secrets et les techniques pour raconter des histoires qui captivent, émeuvent et inspirent. Alors préparez-vous à embarquer pour un voyage extraordinaire à travers les méandres du storytelling, et laissez-vous guider par les leçons et les conseils qui vous mèneront vers le succès dans l'art de raconter des histoires inoubliables.

Maintenant, ouvrez ce livre, et que l'aventure commence !

Votre avis compte !

Une fois que vous aurez fini ce livre, partagez votre avis sur Amazon.

Votre retour d'expérience sera utile pour les futurs lecteurs.

Je suis impatient de voir comment ce livre a eu un impact sur vous.

Merci d'avance pour votre contribution et bonne lecture !

Partie 1 : Les fondations du storytelling

Chapitre 1 :

L'histoire du storytelling : des cavernes aux médias sociaux

Ce chapitre retrace l'évolution du storytelling à travers l'histoire, montrant comment les êtres humains ont toujours été fascinés par les récits et comment les différentes formes de communication ont façonné notre manière de raconter des histoires.

1. Les premières histoires : l'art rupestre et les mythes fondateurs

La communication visuelle préhistorique

Laissez-moi vous raconter une histoire qui remonte à des millénaires, bien avant que les smartphones et les médias sociaux n'envahissent nos vies. Imaginez un temps où les hommes vivaient dans des cavernes, chassant le mammouth pour survivre et s'éclairant avec des torches pour éloigner les ténèbres.

C'est dans ce contexte que l'art rupestre est né, une forme de communication visuelle préhistorique qui témoigne des premières tentatives de l'humanité pour raconter des histoires et partager des expériences. Les peintures et les gravures sur les parois des cavernes étaient une manière pour nos ancêtres de représenter leur quotidien, leurs rêves et leurs peurs. Les animaux, les scènes de chasse et les symboles mystérieux y étaient représentés avec une simplicité qui ne manque pas de charme.

Un jour, alors que j'étais en vacances en France, j'ai eu l'occasion de visiter la célèbre grotte de Lascaux. Je peux vous dire que j'ai été ébloui par la beauté et la complexité des peintures qui ornent ses parois. C'était comme si nos ancêtres avaient voulu nous transmettre un message à travers les âges, en utilisant un langage universel : l'art.

Les mythes fondateurs, quant à eux, sont les premières histoires qui ont traversé les générations et façonné les croyances des peuples. Ces récits épiques mettaient en scène des dieux, des héros et des créatures mythiques, et servaient à expliquer les mystères de l'univers et à transmettre des valeurs culturelles. Les mythes grecs, par exemple, nous ont légué des personnages inoubliables tels qu'Hercule, Persée et Méduse.

Ces formes primitives de storytelling témoignent de la soif innée de l'humanité pour raconter et écouter des histoires. Depuis les cavernes préhistoriques jusqu'aux médias sociaux d'aujourd'hui, notre besoin de partager nos expériences et de donner du sens à notre existence n'a jamais faibli. Et cela, mes amis, est la raison pour laquelle le storytelling est si profondément ancré dans notre ADN.

Les récits mythologiques et leur rôle dans les sociétés anciennes

Plongeons-nous dans un monde peuplé de dieux, de déesses, de héros et de monstres. Les mythes ont joué un rôle crucial dans les sociétés anciennes, et leur influence se fait encore sentir aujourd'hui.

Les récits mythologiques étaient bien plus que de simples histoires divertissantes ; ils étaient le reflet des croyances, des valeurs et des aspirations des peuples qui les ont créés. En explorant les relations complexes entre les dieux et les humains, ces histoires donnaient un sens à un monde souvent incompréhensible et imprévisible. Elles servaient également à légitimer l'ordre social et à enseigner des leçons morales.

Un jour, lors d'une conférence, j'ai rencontré un professeur qui m'a raconté une anecdote fascinante.

Il m'a expliqué comment les mythes grecs, par exemple, étaient utilisés pour justifier la suprématie des dieux sur les hommes et l'importance de respecter les lois divines. L'histoire de Prométhée, qui a volé le feu aux dieux pour le donner aux hommes, en est un excellent exemple. Pour avoir transgressé l'ordre divin, Prométhée a été condamné à être enchaîné à un rocher et à subir un châtiment éternel. Cette histoire met en garde contre les dangers de l'hubris et de la désobéissance aux lois divines.

Les mythes ont également été des vecteurs de cohésion sociale, renforçant le sentiment d'appartenance à une communauté. Les récits mythologiques étaient souvent racontés lors de cérémonies et de fêtes religieuses, rassemblant les individus autour de valeurs et de croyances communes. Les épopées homériques, l'Iliade et l'Odyssée, étaient ainsi récitées lors de banquets et de compétitions, célébrant les exploits des héros et rappelant aux auditeurs les vertus qu'ils devaient incarner.

Enfin, les mythes ont également servi de source d'inspiration pour les artistes, les écrivains et les philosophes. Les récits mythologiques ont été adaptés et réinventés au fil des siècles, offrant une matière inépuisable à la création artistique et littéraire. Les histoires d'amour tragiques, comme celle d'Orphée et Eurydice, ont été immortalisées dans la poésie, la peinture et la musique, faisant écho à nos propres émotions et expériences.

Ils ont façonné les sociétés anciennes en donnant un sens au monde, en renforçant les liens communautaires et en inspirant l'art et la littérature. Leur impact sur notre patrimoine culturel est incontestable, et ils continuent de nourrir notre imagination et notre quête de sens à travers les âges.

2. Le développement de l'écriture : des tablettes d'argile aux parchemins

L'évolution des systèmes d'écriture

L'évolution des systèmes d'écriture, c'est une histoire fascinante qui remonte à des millénaires et qui démontre à quel point les êtres humains sont ingénieux lorsqu'il s'agit de transmettre des idées et des histoires.

Le voyage commence avec les premières formes d'écriture, les pictogrammes, qui sont apparus autour de 3 200 av. J.-C. Ces premiers systèmes d'écriture utilisaient des symboles pour représenter des objets ou des concepts. Imaginez-vous en train de dessiner un soleil pour représenter le jour ou une lune pour la nuit. C'était un moyen rudimentaire de communiquer, mais c'était un début.

Puis, vers 3 000 av. J.-C., les Sumériens ont développé le système d'écriture cunéiforme. Gravées sur des tablettes d'argile à l'aide d'un roseau taillé en pointe, ces écritures étaient constituées de signes en forme de coins, d'où le nom "cunéiforme". Le cunéiforme a permis de consigner non seulement des récits, mais aussi des lois, des contrats et des listes de marchandises. C'était une avancée majeure dans l'histoire de l'écriture et du storytelling.

Passons ensuite à l'Égypte ancienne, où les hiéroglyphes étaient utilisés pour raconter des histoires et consigner l'histoire. Les hiéroglyphes étaient un système d'écriture complexe, composé de plus de 700 signes représentant des objets, des idées et des sons. Ils étaient gravés sur des murs, des monuments et des papyrus, et ont été déchiffrés grâce à la célèbre pierre de Rosette, découverte en 1799.

Au fil des siècles, les systèmes d'écriture se sont développés et diversifiés. Les Phéniciens ont créé un alphabet linéaire, qui a ensuite été adapté par les Grecs et les Romains. L'alphabet latin, utilisé pour écrire de nombreuses langues modernes, dont le français et l'anglais, est un héritage direct de cette évolution.

L'invention du parchemin et du papier a également joué un rôle crucial dans la diffusion des histoires et des idées. Le parchemin, fabriqué à partir de peaux d'animaux, était plus résistant et durable que les tablettes d'argile et les papyrus. Quant au papier, inventé en Chine au IIe siècle av. J.-C., il a révolutionné la manière dont les histoires étaient écrites et partagées, en rendant l'écriture plus accessible et transportable.

Pourquoi je vous parle de tout cela vous demandez-vous ? L'évolution des systèmes d'écriture a été un moteur essentiel dans l'histoire du storytelling. Du pictogramme au cunéiforme, en passant par les hiéroglyphes et l'alphabet latin, chaque étape a permis aux êtres humains de mieux communiquer et de partager leurs histoires, leurs idées et leur savoir, jetant les bases de notre riche patrimoine littéraire et culturel.

La transmission des histoires à travers les générations

La transmission des histoires à travers les générations est un aspect essentiel du storytelling et de la préservation de notre patrimoine culturel. Les histoires ont été transmises de génération en génération de différentes manières, et ce, depuis la nuit des temps.

Avant l'invention de l'écriture, la transmission des histoires reposait principalement sur la tradition orale. Les conteurs étaient des membres respectés de la société, qui utilisaient leur mémoire et leur talent pour raconter des récits épiques, des légendes et des mythes. Ces histoires étaient souvent racontées lors de cérémonies, de fêtes ou autour d'un feu de camp, et servaient à enseigner des leçons de vie, à expliquer les mystères de l'univers, à divertir et à renforcer les liens sociaux au sein de la communauté.

L'apparition de l'écriture a radicalement changé la manière dont les histoires étaient transmises. Les tablettes d'argile, les parchemins et les papyrus ont permis de consigner les récits pour les générations futures, préservant ainsi les histoires et les connaissances. Cela a également permis de diffuser les histoires au-delà des frontières géographiques et culturelles, élargissant ainsi le public et créant un échange d'idées et de traditions entre différentes civilisations.

Au fil du temps, l'invention de l'imprimerie et la démocratisation de l'accès aux livres ont facilité la transmission des histoires à un public encore plus large. Les récits ont ainsi pu être diffusés plus rapidement et plus largement, touchant des personnes de toutes les couches de la société. Les bibliothèques, publiques et privées, sont devenues des conservatoires de notre patrimoine littéraire et culturel, permettant aux générations futures de découvrir et d'apprécier les histoires du passé.

Aujourd'hui, les médias sociaux et les technologies numériques jouent un rôle de plus en plus important dans la transmission des histoires. Les blogs, les podcasts, les vidéos en ligne et les plateformes de partage de contenu offrent de nouvelles opportunités pour raconter et partager des histoires, permettant à chacun d'être à la fois conteur et spectateur. Ces outils modernes ont également contribué à la réinvention de la tradition orale, avec des performances en direct, des slams poétiques et des séances de contes numériques.

La transmission des histoires à travers les générations est un processus qui a évolué au fil du temps, s'adaptant aux innovations technologiques et culturelles. Qu'il s'agisse de conteurs autour d'un feu de camp ou de vidéos partagées sur les réseaux sociaux, l'essence du storytelling reste la même : raconter des histoires qui captivent, émeuvent et inspirent, contribuant ainsi à préserver notre patrimoine culturel et à renforcer notre humanité commune.

3. Les conteurs et les troubadours : la tradition orale

L'art de raconter des histoires en public

L'art de raconter des histoires en public est une tradition ancestrale qui remonte à l'époque où les sociétés humaines étaient principalement basées sur la communication orale. Les conteurs et les troubadours étaient des personnages clés dans la transmission de l'histoire, de la culture et des valeurs d'une communauté.

Les conteurs étaient des maîtres de l'art oratoire, capables de captiver l'attention de leur auditoire grâce à leur charisme, leur expressivité et leur talent pour structurer et animer les récits. Ils utilisaient souvent des techniques de mémorisation, comme les formules répétitives, les rimes et les refrains, pour aider à retenir les détails des histoires et faciliter leur transmission.

Les troubadours, quant à eux, étaient des artistes itinérants du Moyen Âge, qui chantaient et racontaient des histoires d'amour courtois, d'aventures et de bravoure, en s'accompagnant généralement d'un instrument de musique. Ils étaient très prisés pour leur capacité à divertir et à émouvoir leur public, en adaptant leur répertoire en fonction des goûts et des préoccupations de leur auditoire.

Voici quelques éléments clés de l'art de raconter des histoires en public :

1. **Créer un lien avec l'auditoire** : Les conteurs et les troubadours cherchaient à établir un lien émotionnel avec leur public, en établissant un contact visuel, en modulant leur voix et en utilisant des gestes expressifs pour renforcer le message de leur histoire.

2. **Construire une intrigue captivante** : Les histoires racontées devaient être suffisamment captivantes pour maintenir l'attention du public. Les conteurs utilisaient des techniques narratives comme le suspense, les retournements de situation et les personnages attachants pour créer un récit qui captive l'auditoire du début à la fin.

3. **Utiliser l'humour et l'émotion** : Les conteurs et les troubadours avaient recours à l'humour et aux émotions pour toucher leur public, en alternant des moments comiques et dramatiques pour maintenir l'intérêt et susciter une réaction émotionnelle.

4. **Personnaliser l'histoire** : Les conteurs et les troubadours savaient adapter leur récit en fonction de leur public, en incorporant des éléments locaux, des personnages familiers ou des anecdotes personnelles pour rendre l'histoire plus pertinente et attrayante.

5. **Mémorisation et improvisation** : Les conteurs et les troubadours devaient maîtriser l'art de la mémorisation pour retenir les détails de leurs histoires, tout en étant capables d'improviser et de s'adapter aux réactions de leur public.

L'art de raconter des histoires en public est un héritage précieux de notre passé, qui continue d'inspirer et d'influencer les conteurs d'aujourd'hui. Les techniques et les principes qui ont guidé les conteurs et les troubadours à travers les siècles restent pertinents et efficaces pour toucher le cœur et l'esprit de notre auditoire.

Les légendes et les fables populaires

Les légendes et les fables populaires sont des histoires qui ont traversé les siècles et qui ont été transmises de génération en génération, principalement par la tradition orale. Ces récits ont une fonction éducative, morale et divertissante, et ils sont profondément enracinés dans l'imaginaire et la culture des peuples qui les ont créés.

- **Les légendes** : Les légendes sont des récits qui mêlent souvent des faits historiques et des éléments fantastiques pour créer des histoires épiques et captivantes. Elles mettent en scène des héros et des héroïnes, des dieux et des monstres, des aventures et des quêtes, des trahisons et des amours interdits. Les légendes ont souvent une base historique ou géographique, mais elles sont également influencées par la mythologie, la religion et les croyances populaires. Parmi les légendes les plus connues, on peut citer le roi Arthur et les chevaliers de la Table ronde, Robin des Bois, ou encore le mythe de Tristan et Iseut.

- **Les fables** : Les fables sont des histoires courtes et didactiques qui utilisent des animaux, des objets ou des êtres surnaturels pour illustrer des leçons morales et des vérités universelles. Ces récits sont souvent construits autour d'une situation conflictuelle ou d'un dilemme, et ils se concluent généralement par une morale explicite ou implicite qui enseigne aux lecteurs une leçon sur la vie et les relations humaines. Les fables les plus célèbres sont sans doute celles d'Ésope, un conteur grec de l'Antiquité, dont les histoires ont été adaptées et réinterprétées dans de nombreuses cultures et époques, comme les fables de La Fontaine en France.

Les légendes et les fables populaires ont joué un rôle essentiel dans la préservation et la transmission de la sagesse collective, des valeurs et des croyances des peuples à travers le temps et l'espace. Les conteurs et les troubadours étaient les gardiens de cette mémoire culturelle, et leur talent pour raconter des histoires captivantes a permis à ces récits de survivre et de continuer à inspirer et à instruire les générations futures.

Aujourd'hui encore, les légendes et les fables populaires restent des sources d'inspiration inépuisables pour les conteurs, les écrivains et les artistes, qui puisent dans ces trésors d'imagination et de sagesse pour créer de nouvelles histoires et de nouvelles formes d'expression artistique. Les enseignements et les émotions que véhiculent ces récits universels continuent de résonner dans nos cœurs et nos esprits, et ils nous rappellent que, quelles que soient nos origines et nos différences, nous partageons tous la même humanité et les mêmes aspirations fondamentales.

4. L'imprimerie et la révolution du livre

L'impact de Gutenberg sur la diffusion des histoires

L'invention de l'imprimerie par Johannes Gutenberg au milieu du 15ème siècle a été une véritable révolution dans l'histoire du storytelling et de la communication en général. Avant cette époque, la transmission des histoires et des connaissances était principalement réalisée par la tradition orale et la copie manuscrite, ce qui limitait grandement leur diffusion et leur accessibilité. Avec la création de la presse à imprimer et l'utilisation des caractères mobiles en métal, Gutenberg a changé la donne et ouvert un nouvel âge de l'information.

La démocratisation des histoires

L'imprimerie a permis de produire des livres en grande quantité et à des coûts nettement réduits, rendant les histoires et les connaissances accessibles à un public beaucoup plus large qu'auparavant. La diffusion des histoires s'est ainsi démocratisée, et les gens de tous les milieux sociaux ont pu s'enrichir grâce à la lecture et à l'échange d'idées. Cela a contribué à répandre la culture et l'éducation à travers l'Europe et le monde entier.

L'essor des auteurs et des éditeurs

Grâce à l'imprimerie, de nouveaux métiers et de nouvelles opportunités ont vu le jour. Les auteurs ont pu diffuser leurs œuvres auprès d'un public plus vaste, et les éditeurs ont émergé comme des intermédiaires entre les auteurs et les lecteurs, jouant un rôle crucial dans la sélection, la promotion et la distribution des histoires. Cela a également encouragé la création de nouvelles formes littéraires et artistiques, qui ont continué à enrichir le patrimoine culturel et créatif de l'humanité.

La standardisation des langues et des textes

L'imprimerie a favorisé la standardisation des langues et des textes, en fixant des normes orthographiques et grammaticales et en contribuant à l'émergence de langues nationales et de canons littéraires. Cela a renforcé le sentiment d'appartenance et d'identité culturelle des peuples, tout en ouvrant la voie à la traduction et à la diffusion des histoires et des idées au-delà des frontières linguistiques et culturelles.

La circulation des idées et l'émergence de l'esprit critique

Enfin, l'imprimerie a joué un rôle déterminant dans la circulation des idées et l'émergence de l'esprit critique, en facilitant le débat et la confrontation des opinions et en favorisant la diffusion des connaissances scientifiques, philosophiques et artistiques. Les grands mouvements intellectuels et culturels de l'époque moderne, tels que la Renaissance, la Réforme et les Lumières, doivent beaucoup à l'invention de Gutenberg et à l'essor de l'imprimerie.

L'impact de Gutenberg sur la diffusion des histoires a été immense et a marqué un tournant décisif dans l'histoire de la communication et de la culture. L'imprimerie a rendu les histoires et les connaissances accessibles à un public beaucoup plus large, favorisé la création et la diffusion des idées, et contribué à façonner l'identité et la diversité culturelles de notre monde.

Les premiers best-sellers et le développement des genres littéraires

Avec l'avènement de l'imprimerie, le monde littéraire a connu un essor sans précédent. Les histoires ont commencé à circuler plus largement, et les lecteurs ont développé un appétit insatiable pour les récits captivants. Cela a entraîné l'apparition des premiers best-sellers et le développement de genres littéraires spécifiques pour répondre aux divers intérêts et goûts du public.

Les premiers best-sellers

Parmi les premiers best-sellers figure la Bible de Gutenberg, imprimée en 1455. Cette édition de la Bible a non seulement été la première à être imprimée, mais elle a également été le point de départ d'un véritable engouement pour les livres imprimés. D'autres ouvrages importants tels que l'Encyclopédie de Diderot et d'Alembert et les œuvres de Shakespeare ont également connu un grand succès commercial, contribuant à asseoir la réputation de leurs auteurs et à façonner les goûts littéraires de l'époque.

Le roman

Avec le développement de l'imprimerie et la démocratisation de la lecture, le roman a émergé comme un genre littéraire majeur, offrant aux lecteurs des histoires longues et complexes qui explorent la nature humaine, les relations sociales et les dilemmes moraux. Au fil des siècles, le roman a évolué pour englober de nombreux sous-genres, tels que le roman réaliste, le roman gothique, le roman policier, le roman d'amour et la science-fiction, pour n'en nommer que quelques-uns.

La poésie

La poésie a également connu un essor remarquable à l'époque de l'imprimerie, avec des poètes comme William Shakespeare, John Donne, et John Milton qui ont marqué l'histoire littéraire avec leurs vers. Les poèmes étaient souvent publiés dans des recueils, permettant aux auteurs de toucher un large public et d'exprimer leurs émotions, leurs idées et leurs observations sur le monde qui les entourait.

Le théâtre

Grâce à l'imprimerie, les pièces de théâtre ont pu être diffusées et lues par un public beaucoup plus large qu'auparavant. Les dramaturges comme Shakespeare, Molière et Racine ont acquis une renommée internationale grâce à leurs œuvres imprimées, qui ont été jouées sur les scènes du monde entier et ont influencé le développement du théâtre moderne.

Les essais et les pamphlets

L'imprimerie a également favorisé la diffusion des idées à travers les essais et les pamphlets, qui ont été largement utilisés pour promouvoir des opinions politiques, religieuses et philosophiques. Des auteurs tels que Michel de Montaigne, Thomas Paine et Jonathan Swift ont utilisé ces formats pour exprimer leurs idées, provoquer des débats et influencer l'opinion publique.

En fin de compte, l'imprimerie et la révolution du livre ont grandement contribué au développement des genres littéraires et à l'émergence des premiers best-sellers. Cette évolution a permis aux auteurs de toucher un public plus large et de s'exprimer à travers divers formats et styles

5. Le cinéma, la radio et la télévision : les médias de masse

Les pionniers du storytelling visuel et sonore

Les médias de masse tels que le cinéma, la radio et la télévision ont révolutionné la façon dont les histoires sont racontées et consommées, en offrant de nouvelles possibilités pour présenter des récits visuels et sonores. Parmi les pionniers du storytelling visuel et sonore, on trouve des réalisateurs, des scénaristes, des producteurs et des animateurs de radio qui ont marqué l'histoire des médias en créant des œuvres novatrices et influentes.

- **Le cinéma** : Les débuts du cinéma sont marqués par des pionniers tels que les frères Lumière, qui ont réalisé le premier film projeté en public, "La Sortie de l'usine Lumière à Lyon", en 1895. D'autres réalisateurs, comme Georges Méliès, ont rapidement compris le potentiel du cinéma pour raconter des histoires fantastiques et visuellement impressionnantes, comme en témoigne son film de 1902, "Le Voyage dans la Lune". Au fil du temps, le cinéma est devenu un moyen d'expression artistique à part entière, avec des réalisateurs tels qu'Alfred Hitchcock, Orson Welles, Akira Kurosawa et Stanley Kubrick, qui ont repoussé les limites du storytelling visuel.

- **La radio** : La radio a offert un moyen de communication sonore qui a permis aux histoires d'être diffusées à un public massif, sans les contraintes géographiques et économiques des médias imprimés. Des émissions radiophoniques telles que "The War of the Worlds" d'Orson Welles, diffusée en 1938, ont démontré le pouvoir des récits sonores pour captiver l'auditoire et susciter des émotions fortes. Des émissions dramatiques, des comédies et des feuilletons radiophoniques ont été créés pour divertir, informer et éduquer les auditeurs à travers des histoires captivantes.

- **La télévision** : La télévision a combiné les atouts du cinéma et de la radio pour créer un nouveau média de masse capable de toucher un public encore plus large. Les pionniers du storytelling télévisuel, comme Paddy Chayefsky et Rod Serling, ont créé des émissions novatrices telles que "Marty" et "The Twilight Zone", qui ont démontré le potentiel de la télévision pour raconter des histoires complexes et émotionnellement riches. Depuis lors, la télévision a évolué pour englober un large éventail de genres et de formats, y compris les séries dramatiques, les sitcoms, les documentaires et les émissions de téléréalité.

- **Les innovations technologiques** : Les progrès technologiques ont également joué un rôle crucial dans l'évolution du storytelling visuel et sonore. Des innovations telles que le Technicolor, le Cinemascope et le son stéréophonique ont permis aux réalisateurs de créer des expériences cinématographiques plus immersives et impressionnantes. À la télévision, les avancées en matière de résolution d'image et de technologie d'affichage ont rendu les récits télévisuels plus riches et plus détaillés que jamais.

Ces pionniers du storytelling visuel et sonore ont jeté les bases des médias de masse modernes et ont démontré le pouvoir des histoires pour captiver, éduquer et inspirer des générations d'auditeurs et de téléspectateurs. Leurs innovations et leur créativité ont ouvert la voie à d'innombrables autres créateurs qui continuent de repousser les limites du récit et d'explorer de nouvelles façons de raconter des histoires à travers le cinéma, la radio et la télévision. Grâce à leur travail, les histoires ont pu toucher un public plus vaste et plus diversifié, faisant du storytelling un élément incontournable de la culture moderne.

La démocratisation de l'accès aux histoires

La démocratisation de l'accès aux histoires est un autre aspect crucial de l'évolution du storytelling. Avant l'avènement des médias de masse, les histoires étaient souvent réservées à une élite ou à des groupes restreints de personnes. Toutefois, avec le développement du cinéma, de la radio et de la télévision, les histoires ont commencé à toucher un public beaucoup plus large, transcendant les frontières géographiques, culturelles et socio-économiques.

La radio a joué un rôle essentiel en démocratisant l'accès aux histoires dès les années 1920. Les émissions de radio permettaient aux familles de se réunir autour d'un récepteur pour écouter des histoires, des pièces de théâtre et des reportages, diffusés en direct ou enregistrés. Les récits oraux ont ainsi retrouvé une place centrale dans la vie quotidienne, et ce, dans des foyers de toutes les classes sociales.

Le cinéma a également contribué à la démocratisation du storytelling, en offrant des expériences visuelles captivantes et en créant des univers narratifs qui ont touché le cœur et l'esprit du public. Les films, accessibles à un large éventail de spectateurs, ont permis de raconter des histoires complexes et ambitieuses, à la fois familières et étrangères, qui ont ouvert la porte à la compréhension et à l'empathie entre des cultures différentes.

Quant à la télévision, elle a révolutionné la manière dont les histoires étaient consommées en les amenant directement dans les foyers. Les téléspectateurs ont eu accès à un large éventail de genres et de formats narratifs, allant des séries dramatiques aux sitcoms, en passant par les documentaires et les émissions de téléréalité. La télévision a également permis de suivre des histoires sur de longues périodes, avec des personnages et des arcs narratifs qui évoluent au fil des saisons.

Enfin, l'ère numérique a donné naissance à de nouvelles plateformes de storytelling, telles que les podcasts, les plateformes de streaming vidéo et les réseaux sociaux. Ces nouveaux médias ont encore élargi l'accès aux histoires, permettant aux créateurs indépendants de partager leurs récits avec le monde entier et offrant aux consommateurs un choix presque illimité de contenus à découvrir.

La démocratisation de l'accès aux histoires a donc transformé notre rapport aux récits et permis à un nombre toujours croissant de personnes de s'immerger dans des histoires captivantes, d'apprendre, de s'évader et de se connecter les uns aux autres d'une manière jamais vue auparavant.

6. Le numérique et les médias sociaux : l'ère de la connectivité

Les plateformes de partage de contenu et la viralité

L'ère numérique et les médias sociaux ! Ces plateformes ont transformé la manière dont nous consommons et partageons les histoires, et ont même créé des opportunités pour de nouvelles formes de storytelling. Laissez-moi vous expliquer comment cela a fonctionné.

Les plateformes de partage de contenu, telles que YouTube, Instagram, TikTok et autres, ont donné naissance à une nouvelle génération de créateurs de contenu et de storytellers. Ces plateformes permettent aux utilisateurs de partager leurs propres histoires sous divers formats, comme des vidéos, des photos, des textes ou des podcasts. La facilité d'accès et la possibilité de toucher un public mondial ont permis à des talents émergents de se faire connaître et de bâtir des communautés autour de leurs récits.

La viralité est un phénomène étroitement lié à ces plateformes. Le terme désigne la rapidité avec laquelle un contenu se propage et devient populaire sur Internet. L'attrait d'un storytelling réussi, en particulier lorsqu'il est combiné à des éléments visuels ou sonores puissants, peut déclencher une réaction en chaîne, où des millions de personnes partagent, commentent et réagissent à une histoire. Cette viralité permet de toucher des audiences massives en un temps record, quelque chose d'inimaginable dans l'ère pré-numérique.

Les médias sociaux ont également changé la donne en matière de storytelling. Des plateformes comme Twitter et Facebook permettent aux utilisateurs de partager des histoires et de se connecter avec d'autres personnes ayant des intérêts similaires. Ces interactions en ligne peuvent donner naissance à des discussions approfondies, à des débats animés et à des échanges d'idées qui enrichissent et élargissent les récits partagés.

De plus, les médias sociaux ont permis aux marques et aux entreprises de se rapprocher de leur audience en partageant des histoires qui humanisent leur image et renforcent leurs valeurs. Grâce à ces plateformes, les marques peuvent s'engager dans des conversations authentiques avec leurs clients, recueillir des témoignages et des retours d'expérience, et créer des campagnes de storytelling qui suscitent l'émotion et fidélisent leur audience.

L'ère de la connectivité a radicalement transformé le paysage du storytelling. Les plateformes de partage de contenu et les médias sociaux ont rendu les histoires plus accessibles, plus diversifiées et plus participatives que jamais auparavant. À travers cette connectivité accrue, les histoires continuent d'évoluer, de s'adapter et de toucher un public toujours plus vaste et engagé.

Le rôle des influenceurs et des créateurs de contenu dans le storytelling moderne

Dans le monde moderne du storytelling, les influenceurs et les créateurs de contenu jouent un rôle crucial.

Ces personnes charismatiques et talentueuses ont su tirer profit des plateformes numériques pour bâtir des communautés et partager leurs récits avec un large public. Alors, que font-ils exactement et pourquoi sont-ils si importants pour le storytelling d'aujourd'hui ? Laissez-moi vous expliquer.

1. **Les ambassadeurs de marque** : Les influenceurs sont souvent sollicités par les marques pour promouvoir leurs produits ou services, car ils bénéficient d'une audience engagée et fidèle. En tant que storytellers, les influenceurs sont capables de tisser des récits autour de ces produits qui les rendent désirables et attrayants pour leur public. Leurs recommandations sont souvent perçues comme étant plus authentiques et crédibles que les publicités traditionnelles.

2. **Création de tendances et de buzz** : Les créateurs de contenu et les influenceurs sont souvent à la pointe des tendances et peuvent contribuer à créer un buzz autour de certaines histoires ou idées. Leur impact peut être énorme, et leur pouvoir de persuasion peut transformer une histoire en phénomène viral.

3. **Expertise et éducation** : Certains influenceurs et créateurs de contenu se

spécialisent dans des domaines spécifiques, comme la mode, la technologie, la santé ou l'éducation. Leur expertise leur permet de partager des histoires informatives et éducatives qui aident leurs abonnés à acquérir de nouvelles compétences ou à améliorer leur compréhension d'un sujet particulier.

4. **Inspiration et motivation** : Les créateurs de contenu et les influenceurs partagent souvent leurs propres expériences personnelles, leurs défis et leurs réussites dans le but d'inspirer et de motiver leur audience. Ces récits authentiques et sincères peuvent créer un lien émotionnel profond avec les abonnés et les encourager à poursuivre leurs propres rêves et objectifs.

5. **Divertissement et engagement** : Les créateurs de contenu et les influenceurs savent captiver l'attention de leur audience en proposant du contenu divertissant et engageant. Leur talent pour raconter des histoires de manière amusante et innovante contribue à fidéliser leur public et à le faire revenir pour en savoir plus.

Les influenceurs et les créateurs de contenu sont devenus des acteurs clés dans le paysage du storytelling moderne.

Leur capacité à tisser des récits captivants, à créer des tendances et à inspirer leur audience les rend inestimables pour les marques et les entreprises qui cherchent à établir un lien authentique et durable avec leurs clients. De plus, ils enrichissent notre expérience quotidienne en partageant des histoires qui nous divertissent, nous informent et nous inspirent.

Chapitre 2 :

Pourquoi le storytelling est important : l'impact sur le cerveau humain

Ce chapitre explore les raisons pour lesquelles le storytelling est si important pour nous, en se concentrant sur les différents impacts qu'il a sur notre cerveau et notre psychologie. Le but est de montrer que les histoires ne sont pas seulement divertissantes, mais qu'elles jouent également un rôle crucial dans notre développement cognitif et émotionnel.

1. L'importance de l'émotion : les histoires qui touchent le cœur

Le rôle des émotions dans la prise de décision

Les émotions jouent un rôle primordial dans notre processus de prise de décision. Elles influencent notre perception des situations, nos réactions et nos choix. Alors, comment les émotions interviennent-elles dans la prise de décision et pourquoi sont-elles si importantes pour le storytelling ? Plongeons-nous dans cette question passionnante.

Les émotions guident notre attention

Lorsque nous ressentons des émotions, notre cerveau se focalise sur les informations pertinentes pour ces émotions. Par exemple, si vous êtes en colère, vous êtes plus susceptible de remarquer des éléments qui renforcent cette colère. Les histoires qui suscitent des émotions captivent notre attention et nous rendent plus attentifs aux détails et aux messages véhiculés.

Les émotions facilitent la mémorisation

Les événements chargés d'émotion sont généralement plus faciles à retenir. Notre cerveau a tendance à accorder une importance accrue aux souvenirs émotionnels et à les conserver plus longtemps. Les histoires qui provoquent des émotions marquantes sont donc plus susceptibles de rester gravées dans notre mémoire.

Les émotions influencent notre jugement

Nos émotions ont un impact significatif sur notre perception et notre jugement. Par exemple, si vous ressentez de la sympathie pour un personnage, vous serez plus enclin à excuser ses erreurs ou à approuver ses actions. Les histoires qui touchent nos émotions peuvent ainsi nous amener à modifier notre point de vue sur un sujet ou à nous identifier à des personnages.

Les émotions déterminent nos actions

Les émotions peuvent nous motiver à agir ou à éviter certaines situations. Par exemple, la peur peut nous inciter à fuir un danger, tandis que la curiosité peut nous pousser à explorer de nouveaux horizons. Les histoires qui génèrent des émotions fortes sont capables d'inciter le public à passer à l'action, que ce soit pour acheter un produit, partager une expérience ou soutenir une cause.

Les émotions renforcent les liens sociaux

Les émotions sont contagieuses et ont le pouvoir de créer des liens entre les individus. Lorsque nous partageons des émotions avec d'autres personnes, nous ressentons une connexion plus profonde et une compréhension mutuelle. Les histoires émotionnelles peuvent ainsi renforcer les liens au sein d'une communauté ou d'un groupe.

Les émotions sont au cœur de notre processus de prise de décision et influencent notre attention, notre mémorisation, notre jugement, nos actions et nos relations sociales. Le storytelling, en faisant appel aux émotions, peut ainsi toucher le cœur de l'audience, faciliter la transmission des messages et créer un impact durable. Les histoires émotionnelles sont non seulement captivantes, mais elles peuvent aussi nous inspirer, nous motiver et nous rapprocher les uns des autres.

Comment les histoires stimulent l'empathie et la connexion émotionnelle

Les histoires ont le pouvoir de stimuler l'empathie et de créer des connexions émotionnelles profondes entre les personnes. Cela s'explique par plusieurs mécanismes psychologiques et neurologiques qui entrent en jeu lorsque nous écoutons ou lisons des récits. Découvrons ensemble comment les histoires favorisent l'empathie et la connexion émotionnelle.

- **L'identification aux personnages** : Lorsque nous suivons une histoire, nous nous identifions souvent aux personnages, en particulier au protagoniste. Nous nous mettons à leur place, ressentant leurs émotions, leurs désirs et leurs peurs comme si nous les vivions nous-mêmes. Cette identification nous permet de mieux comprendre les motivations et les émotions des autres, favorisant ainsi notre empathie et notre connexion émotionnelle.

- **La simulation mentale** : Les histoires nous permettent de vivre des expériences fictives et d'explorer des situations que nous n'avons jamais rencontrées dans la réalité. Notre cerveau simule ces expériences comme si nous les vivions réellement, activant les mêmes zones cérébrales que celles impliquées dans les expériences réelles. Cette simulation mentale nous aide à développer notre empathie en nous permettant de mieux comprendre et ressentir les émotions et les situations des autres.

- **Le partage d'émotions** : Les histoires nous font ressentir un large éventail d'émotions, allant de la joie à la tristesse, en passant par la colère et la peur. En partageant ces émotions avec d'autres personnes, nous renforçons notre connexion émotionnelle et notre compréhension mutuelle. Les histoires peuvent ainsi créer des liens forts entre les individus, même s'ils ne se connaissent pas personnellement.

- **Les neurones miroirs** : Les neurones miroirs sont des cellules cérébrales qui s'activent à la fois lorsque nous effectuons une action et lorsque nous observons quelqu'un d'autre effectuer cette même action. Ils jouent un rôle crucial dans notre capacité à comprendre et à ressentir les émotions des autres. Les histoires, en décrivant les actions et les émotions des personnages, stimulent ces neurones miroirs et favorisent ainsi notre empathie et notre connexion émotionnelle.

- **La vulnérabilité partagée** : Les histoires nous invitent souvent à explorer des situations difficiles, des conflits et des moments de vulnérabilité. En partageant ces expériences émotionnelles, nous nous ouvrons aux autres et créons un espace de connexion et de soutien mutuel. Les histoires peuvent ainsi nous aider à surmonter nos peurs, nos préjugés et nos différences, en renforçant notre empathie et notre humanité commune.

Les histoires ont le pouvoir unique de stimuler l'empathie et de créer des connexions émotionnelles profondes entre les personnes. Elles nous permettent de nous mettre à la place des autres, de partager des émotions et des expériences, et de renforcer notre compréhension mutuelle. En maîtrisant l'art du storytelling, nous pouvons toucher le cœur de notre audience et créer un impact durable sur leurs vies.

2. La mémorisation et l'engagement : les histoires qui marquent l'esprit

Le cerveau humain et la préférence pour les récits structurés

Le cerveau humain a une préférence innée pour les récits structurés. Cette préférence est enracinée dans notre évolution et notre histoire en tant qu'espèce. Les récits nous ont aidés à comprendre notre environnement, à apprendre de nos expériences et à transmettre des connaissances et des valeurs importantes. Voyons comment les histoires structurées marquent l'esprit et pourquoi notre cerveau les préfère.

La cohérence narrative

Notre cerveau est constamment à la recherche de motifs, de connexions et de relations causales pour donner un sens au monde qui nous entoure. Les récits structurés fournissent un cadre cohérent et logique qui facilite cette compréhension. En suivant un enchaînement d'événements et de relations entre les personnages, nous pouvons mieux saisir les causes et les conséquences des actions, ce qui facilite la mémorisation et l'engagement.

L'attention sélective

Les histoires bien structurées captivent notre attention et nous aident à nous concentrer sur les éléments les plus importants et pertinents. En éliminant les distractions et les informations superflues, les récits nous permettent de nous immerger pleinement dans l'histoire et de nous engager émotionnellement. Cette attention sélective facilite la mémorisation et l'ancrage des informations dans notre mémoire à long terme.

La répétition et la mémorisation

Les récits structurés utilisent souvent des techniques de répétition et des schémas narratifs familiers pour renforcer les messages clés et faciliter la mémorisation. En répétant les informations importantes et en les présentant sous différentes formes, notre cerveau est plus susceptible de les retenir et de les intégrer dans notre mémoire à long terme.

Les images mentales

Les histoires bien construites nous permettent de visualiser les événements, les lieux et les personnages dans notre esprit. Ces images mentales sont plus faciles à mémoriser que les informations abstraites ou décontextualisées. En créant des images mentales vivantes et détaillées, les récits structurés renforcent notre engagement et notre capacité à retenir les informations.

L'impact émotionnel

Les histoires structurées nous touchent au plus profond de notre être en provoquant des réponses émotionnelles. Les émotions sont étroitement liées à notre mémoire et à notre engagement, car elles renforcent les souvenirs et nous motivent à agir. En suscitant des émotions fortes et en les associant à des messages clés, les récits structurés marquent l'esprit et créent un impact durable.

Notre cerveau préfère les récits structurés en raison de leur capacité à faciliter la compréhension, la mémorisation et l'engagement. Les histoires bien construites exploitent notre tendance naturelle à rechercher des motifs et des relations causales, tout en captivant notre attention, en renforçant nos souvenirs et en suscitant des réponses émotionnelles. En maîtrisant l'art du storytelling structuré, vous saurez toucher le cerveau de vos cibles et donc toucher leur cœur avant tout.

Les techniques de mémorisation basées sur les histoires

Il est intéressant de noter que le cerveau humain a tendance à retenir plus facilement des informations lorsqu'elles sont présentées sous forme de récit. Cela s'explique notamment par le fait que les histoires permettent de donner du sens à des informations souvent complexes ou abstraites.

Personnellement, j'ai remarqué que lorsque je veux retenir des faits importants ou des chiffres clés pour une présentation, je les intègre souvent à une histoire ou une anecdote pour les ancrer plus facilement dans ma mémoire. Par exemple, pour retenir les dates clés de l'histoire de l'art, j'ai créé une histoire imaginaire où des personnages historiques se rencontrent dans différents musées à travers le monde, à des moments clés de l'histoire de l'art.

De même, dans le domaine du marketing, les marques ont compris depuis longtemps l'importance du storytelling pour capter l'attention de leur public et susciter leur engagement. Par exemple, la marque Nike a réussi à construire une véritable communauté de fans grâce à des campagnes publicitaires racontant des histoires inspirantes mettant en avant des sportifs célèbres.

Dans le cadre de mes recherches pour ce livre, j'ai découvert une méthode de mémorisation basée sur les histoires appelée la méthode des lieux. Cette technique consiste à associer chaque élément à mémoriser à un lieu spécifique dans un parcours mental. En imaginant une histoire se déroulant dans ce parcours, on peut alors plus facilement retenir les informations associées à chaque lieu. Cette méthode est utilisée depuis l'Antiquité et est toujours enseignée aujourd'hui dans certaines écoles de commerce ou de management. Elle est cependant assez difficile à maîtriser.

3. Les neurones miroirs et l'effet de contagion émotionnelle

Comment le cerveau imite les émotions et les actions des personnages

Les neurones miroirs sont des neurones qui s'activent à la fois lorsque nous réalisons une action et lorsque nous observons quelqu'un d'autre réaliser la même action. Ils jouent un rôle crucial dans notre capacité à comprendre les intentions et les émotions des autres, et sont particulièrement actifs lorsque nous sommes plongés dans une histoire captivante.

Par exemple, j'ai remarqué que lorsque je regarde un film d'horreur, mes émotions sont synchronisées avec celles des personnages à l'écran. Si un personnage est terrifié, j'ai tendance à ressentir la même chose, et si un personnage triomphe, je ressens un regain d'espoir. De même, si je lis un livre dans lequel un personnage accomplit quelque chose de grand, je me sens souvent inspiré pour réaliser moi-même quelque chose de similaire.

Cela montre à quel point les histoires peuvent influencer notre état émotionnel et même nous pousser à agir d'une certaine manière. Les marques qui parviennent à captiver leur public grâce à des histoires convaincantes peuvent donc avoir un impact puissant sur leur comportement.

Les neurones miroirs ont également été étudiés pour leur rôle dans l'empathie et la compréhension des émotions des autres. En regardant ou en lisant une histoire, les neurones miroirs peuvent s'activer et nous permettre de ressentir les émotions des personnages, ce qui peut conduire à une plus grande empathie et une meilleure compréhension des autres. Par exemple, en lisant un roman dans lequel le personnage principal a perdu un être cher, et vous pouvez ressentir une tristesse profonde et une empathie pour ce personnage. Cette expérience permet de mieux comprendre la douleur de ceux qui ont vécu une telle perte dans la vie réelle.

En utilisant cette connaissance des neurones miroirs et de l'effet de contagion émotionnelle, les marketeurs et les communicants peuvent créer des histoires qui suscitent une réponse émotionnelle spécifique de leur public. Par exemple, une publicité pour un organisme de bienfaisance qui montre les conditions difficiles dans lesquelles les personnes démunies vivent peut susciter de la compassion chez le spectateur et l'encourager à faire un don.

Les neurones miroirs et l'effet de contagion émotionnelle sont des éléments importants à prendre en compte lors de la création d'histoires. En comprenant comment notre cerveau réagit aux histoires et aux émotions des personnages, nous pouvons créer des histoires plus efficaces et engageantes.

Le partage d'expériences par le biais du storytelling

Le partage d'expériences par le biais du storytelling est un élément clé du pouvoir des histoires sur notre cerveau et notre comportement. Lorsque nous écoutons ou lisons une histoire, notre cerveau s'active de manière à créer une expérience personnelle pour nous, même si nous n'avons jamais vécu cette expérience auparavant. Les neurones miroirs de notre cerveau sont activés, nous permettant de ressentir les émotions et les sensations décrites dans l'histoire.

C'est pourquoi les histoires peuvent être si puissantes pour établir des liens et des connexions entre les gens. Lorsque nous partageons une expérience personnelle à travers une histoire, nous créons un lien émotionnel avec notre public. Ils peuvent ressentir ce que nous avons ressenti et comprendre les sentiments que nous avons vécus. Cela peut être particulièrement utile pour les marques et les entreprises qui cherchent à établir une connexion émotionnelle avec leur public.

Prenons l'exemple d'une entreprise de fabrication de chaussures de sport. Plutôt que de simplement vanter les caractéristiques de leur produit, ils pourraient raconter l'histoire d'un athlète qui a surmonté des obstacles pour atteindre son objectif, notamment en utilisant leurs fameuses chaussures. En racontant cette histoire, l'entreprise crée un lien émotionnel avec le public, qui peut se reconnaître dans les défis et les obstacles surmontés par l'athlète. Le public peut également associer l'entreprise à cette histoire inspirante et être plus enclin à acheter ses produits.

Les histoires peuvent également être utiles pour enseigner et transmettre des connaissances. En racontant des histoires sur des situations concrètes, les enseignants peuvent aider les étudiants à mieux comprendre et à retenir des concepts abstraits. Les histoires sont également un moyen efficace d'enseigner des leçons morales et des valeurs. Les fables, par exemple, ont été utilisées pendant des siècles pour enseigner des leçons de vie aux enfants.

Enfin, les histoires peuvent aider à donner un sens à notre vie et à notre expérience. En racontant notre propre histoire, nous pouvons réfléchir à notre propre vie et trouver du sens et de la compréhension dans les événements que nous avons vécus. Les histoires peuvent également nous aider à imaginer un avenir différent et à travailler vers des objectifs personnels ou professionnels.

Le partage d'expériences par le biais du storytelling est un élément clé de l'impact des histoires sur notre cerveau et notre comportement. Les histoires peuvent établir des connexions émotionnelles avec le public, enseigner des leçons et des valeurs, et aider à donner un sens à notre vie et à notre expérience. C'est pourquoi le storytelling est devenu un élément essentiel de la communication efficace et de la persuasion dans tous les domaines, de la publicité à l'enseignement en passant par la politique et les médias sociaux.

4. La persuasion et l'influence : les histoires qui changent les esprits

Les mécanismes psychologiques de la persuasion narrative

La persuasion narrative est un processus par lequel les histoires peuvent influencer les pensées, les attitudes et les comportements des gens. Il s'agit d'une forme de persuasion qui utilise des histoires plutôt que des arguments logiques pour convaincre l'audience. Les histoires ont été utilisées pour persuader les gens depuis des milliers d'années, mais la recherche scientifique a récemment commencé à expliquer les mécanismes psychologiques qui sous-tendent cette persuasion.

L'un des mécanismes clés de la persuasion narrative est l'identification. Lorsque les gens s'identifient à un personnage dans une histoire, ils sont plus susceptibles d'adopter les croyances et les attitudes de ce personnage. Par exemple, si une histoire raconte l'histoire d'un personnage qui a surmonté un défi difficile, les auditeurs peuvent s'identifier à ce personnage et être plus enclins à croire que les défis peuvent être surmontés.

Un autre mécanisme important est l'émotion. Les histoires qui suscitent des émotions intenses sont plus susceptibles d'influencer les attitudes et les comportements des gens que les histoires qui ne suscitent pas d'émotions. Les émotions peuvent agir comme un signal de la pertinence de l'histoire pour l'auditeur, et peuvent également renforcer l'impact de l'histoire en activant des centres cérébraux liés à la mémoire et à l'apprentissage.

La persuasion narrative peut également être facilitée par l'utilisation de métaphores et d'analogies. Ces outils peuvent aider les auditeurs à comprendre les concepts abstraits en les reliant à des expériences concrètes et familières. Les métaphores peuvent également aider à susciter des émotions et à renforcer l'identification en évoquant des images et des associations émotionnelles.

En comprenant ces mécanismes psychologiques, les conteurs et les professionnels du marketing peuvent créer des histoires plus efficaces qui sont plus susceptibles d'influencer les attitudes et les comportements des auditeurs. Cependant, il est important de souligner que la persuasion narrative n'est pas toujours positive. Les histoires peuvent être utilisées pour manipuler les gens et pour les convaincre de croire des choses qui ne sont pas vraies. Il est donc essentiel que les conteurs et les professionnels du marketing utilisent ce pouvoir avec responsabilité et éthique.

La persuasion narrative est une méthode efficace pour influencer les attitudes et les comportements des gens. Les mécanismes psychologiques de l'identification, de l'émotion et de la métaphore peuvent tous être utilisés pour créer des histoires qui sont plus susceptibles d'avoir un impact sur l'audience. Cependant, il est important que les conteurs et les professionnels du marketing utilisent cette méthode avec responsabilité et éthique.

Le rôle du storytelling dans la publicité et la propagande

Le storytelling joue un rôle crucial dans la publicité et la propagande. Les publicitaires et les propagandistes utilisent souvent des histoires pour influencer les attitudes et les comportements des gens envers un produit, une personne ou une idéologie.

- **La publicité** utilise le storytelling pour vendre des produits ou des services en créant des histoires qui évoquent des émotions chez les consommateurs. Par exemple, la campagne publicitaire « Think Different » d'Apple a créé une histoire qui célébrait les personnes qui ont changé le monde et a associé cette image à la marque Apple. De même, la campagne publicitaire de Nike, « Just Do It », raconte une histoire inspirante de dépassement de soi et de réussite, tout en associant la marque à cette image.

- **La propagande** utilise également le storytelling pour manipuler l'opinion publique en faveur d'une idéologie ou d'un régime politique. Les propagandistes créent des histoires qui suscitent des émotions fortes pour influencer les attitudes des gens envers une cause ou un ennemi. Par exemple, la propagande nazie a utilisé des histoires pour diaboliser les Juifs et les autres ennemis du régime, créant ainsi un sentiment d'unité et de soutien au régime.

Cependant, il est important de noter que l'utilisation du storytelling dans la publicité et la propagande peut être manipulatrice et trompeuse. Les histoires utilisées peuvent être exagérées ou même complètement fausses, créant ainsi une image biaisée ou erronée d'un produit, d'une personne ou d'une idéologie.

Il est donc essentiel de comprendre que le storytelling peut être un outil puissant pour influencer les attitudes et les comportements, mais encore une fois, il est important de l'utiliser de manière éthique et responsable.

Dans l'ensemble, le storytelling est une technique persuasive qui peut être utilisée à des fins positives ou négatives. Les publicitaires et les propagandistes l'utilisent pour influencer les attitudes et les comportements des gens envers des produits, des personnes ou des idéologies. Cependant, il est important de considérer l'éthique et la véracité des histoires utilisées, car leur influence peut être considérable.

5. Le plaisir de l'écoute : les histoires qui captivent

Les mécanismes cérébraux responsables de l'engagement dans les histoires

Les histoires ont la capacité de captiver notre attention et de nous plonger dans un monde différent du nôtre. Cela est dû à une série de mécanismes cérébraux qui s'activent lorsque nous écoutons ou lisons une histoire.

1. Tout d'abord, il y a l'activation de la zone du cerveau appelée cortex préfrontal, qui est responsable de la planification, de l'organisation et de l'analyse. Lorsque nous écoutons une histoire, cette zone est activée car notre cerveau essaie de

comprendre la structure narrative et de relier les différents événements entre eux.

2. Ensuite, il y a l'activation de l'amygdale, qui est responsable de la régulation des émotions. Lorsque nous écoutons une histoire, nous pouvons ressentir une gamme d'émotions, allant de la joie à la tristesse en passant par la peur et l'excitation. L'amygdale est donc activée pour réguler ces émotions et nous permettre de nous connecter émotionnellement à l'histoire.

3. De plus, il y a l'activation de l'aire de Broca, qui est responsable de la production du langage. Cette zone est activée lorsque nous écoutons une histoire car notre cerveau essaie de comprendre les mots et les phrases qui sont utilisés, et de les relier aux images mentales que nous avons de l'histoire.

4. Enfin, il y a l'activation de l'aire de Wernicke, qui est responsable de la compréhension du langage. Cette zone est activée lorsque nous écoutons une histoire car notre cerveau essaie de comprendre le sens des mots et des phrases qui sont utilisés, et de les relier

aux images mentales que nous avons de l'histoire.

Les histoires ont la capacité de captiver notre attention et de nous plonger dans un monde différent du nôtre en activant une série de mécanismes cérébraux tels que le cortex préfrontal, l'amygdale, l'aire de Broca et l'aire de Wernicke. En comprenant ces mécanismes, les créateurs de contenu peuvent concevoir des histoires plus engageantes et captivantes pour leur audience.

La satisfaction de résoudre des mystères et de suivre des intrigues

Lorsqu'on plonge dans une histoire captivante, on ressent souvent un sentiment de satisfaction intense lorsqu'on arrive à résoudre les mystères et à suivre les intrigues. Cette sensation est due en grande partie à l'activation de notre système de récompense dans le cerveau, qui est stimulé par la résolution de problèmes et la satisfaction de notre curiosité.

En effet, lorsque nous sommes confrontés à des situations de suspense dans une histoire, notre cerveau est en ébullition, cherchant des indices et des solutions pour comprendre ce qui se passe. Cette recherche active nos centres de plaisir et de récompense, nous incitant à continuer à écouter ou à lire pour trouver la réponse.

Un exemple percutant de cela est la célèbre série télévisée "Lost". Les téléspectateurs ont été fascinés par l'histoire complexe et mystérieuse de la série, cherchant désespérément des indices pour comprendre les mystères de l'île et des personnages. Cette quête a créé une expérience de visionnage immersive qui a captivé des millions de personnes dans le monde entier.

De même, les romans policiers et les thrillers ont souvent un effet similaire sur les lecteurs, les plongeant dans une enquête complexe et les incitant à chercher des réponses à chaque indice ou rebondissement.

Cette satisfaction de résoudre des mystères et de suivre des intrigues peut être extrêmement gratifiante et ajouter une dimension supplémentaire à l'expérience de lecture ou de visionnage.

La capacité des histoires à captiver notre attention et à nous offrir une satisfaction de résoudre des mystères et de suivre des intrigues est l'un des aspects les plus fascinants du storytelling.

Cette expérience immersive peut nous transporter dans un autre monde et nous faire oublier notre propre vie pendant un moment, tout en activant des mécanismes de récompense dans notre cerveau qui nous incitent à continuer à chercher des réponses.

6. Les avantages cognitifs du storytelling : développer l'intelligence émotionnelle et sociale

Comment les histoires aident à comprendre les motivations et les intentions des autres

L'une des raisons pour lesquelles les histoires sont si puissantes est qu'elles nous aident à comprendre les motivations et les intentions des autres. Les histoires sont souvent peuplées de personnages complexes, dont les pensées et les émotions sont exposées de manière détaillée. En lisant une histoire, nous sommes invités à nous mettre à la place des personnages et à comprendre leur point de vue.

Cette capacité à comprendre les perspectives des autres est essentielle pour le développement de l'intelligence émotionnelle et sociale. Lorsque nous comprenons les motivations et les intentions, nous sommes mieux équipés pour naviguer dans les relations sociales complexes, résoudre les conflits et communiquer efficacement.

Les histoires peuvent également nous aider à développer notre empathie. En lisant une histoire, nous sommes invités à nous mettre à la place des personnages et à ressentir ce qu'ils ressentent. Cette expérience immersive peut nous aider à développer notre capacité à ressentir de l'empathie pour les autres dans la vie réelle.

Les histoires peuvent également nous aider à comprendre les valeurs et les croyances. En lisant une histoire sur une culture différente de la nôtre, nous sommes invités à nous plonger dans un monde totalement nouveau et à explorer les valeurs et les croyances qui sont importantes pour cette culture.

Un exemple de l'impact des histoires sur la compréhension des motivations et des intentions est la série "Breaking Bad". Dans cette série, le personnage principal, Walter White, est un professeur de chimie qui est diagnostiqué avec un cancer en phase terminale. En proie à des difficultés financières, il décide de se lancer dans la fabrication de drogue pour subvenir aux besoins de sa famille après sa mort. Au fur et à mesure que la série progresse, nous voyons comment les motivations et les intentions de Walter évoluent et comment ses actions affectent les autres personnages. Cette exploration complexe de la psychologie des personnages est l'une des raisons pour lesquelles la série a connu un tel succès critique et public.

Les histoires sont une source inestimable d'informations sur les motivations, les intentions et les valeurs des autres. Elles nous aident à développer notre intelligence émotionnelle et sociale en nous invitant à nous mettre à la place des personnages et à comprendre leur point de vue.

L'importance du storytelling dans l'éducation et la communication interpersonnelle

Le storytelling est un outil puissant pour l'éducation et la communication interpersonnelle, car il permet de transmettre des idées complexes de manière accessible et mémorable. Voici quelques raisons pour lesquelles le storytelling est important dans ces domaines :

- **Il facilite la compréhension** : Les histoires permettent de contextualiser des informations abstraites, de donner des exemples concrets et de créer des images mentales qui aident à mieux comprendre les concepts. Les enseignants peuvent utiliser le storytelling pour rendre les leçons plus intéressantes et les élèves plus engagés.

- **Il stimule l'empathie** : Les histoires nous permettent de nous mettre à la place d'autrui, de comprendre leurs sentiments et leurs motivations. Cela peut aider les étudiants à développer leur intelligence émotionnelle et à mieux communiquer avec les autres.

- **Il favorise la rétention d'informations** : Les histoires sont plus faciles à retenir que des listes de faits ou des données. Les enseignants peuvent utiliser des histoires pour aider les élèves à mémoriser des concepts clés et à les rappeler plus facilement lors des examens.

- **Il encourage la créativité** : Les histoires sont souvent imaginatives et inventives, ce qui peut inspirer les étudiants à être plus créatifs dans leur travail. Les enseignants peuvent encourager les élèves à créer leurs propres histoires ou à utiliser des histoires pour illustrer des concepts clés.

- **Il facilite la communication** : Les histoires peuvent être utilisées pour améliorer la communication interpersonnelle en aidant les gens à mieux se comprendre. Les histoires peuvent aider à établir des relations de confiance, à clarifier des malentendus et à résoudre des conflits.

Le storytelling est un outil puissant pour l'éducation et la communication interpersonnelle. Il peut aider à faciliter la compréhension, stimuler l'empathie, favoriser la rétention d'informations, encourager la créativité et faciliter la communication. Les enseignants, les éducateurs, les parents et les professionnels de la communication peuvent tous bénéficier de l'utilisation du storytelling dans leur travail.

Chapitre 3 :

Les éléments clés d'une histoire captivante : personnages, intrigue et conflit

Dans ce chapitre, je présente les éléments fondamentaux qui composent une histoire captivante. En abordant les personnages, l'intrigue et le conflit, ainsi que d'autres aspects importants du récit, je vous guide dans la construction de vos propres histoires, en vous aidant à créer des récits qui touchent et engagent votre public.

1. Les personnages : le cœur de l'histoire

La création de personnages mémorables et attachants

Pour créer des personnages mémorables et attachants, il est important de se concentrer sur plusieurs aspects clés. Tout d'abord, un personnage doit avoir des traits distinctifs qui le rendent unique et facilement identifiable. Ces traits peuvent être physiques, tels que des cicatrices ou des tatouages, ou psychologiques, tels que des traits de personnalité forts ou des objectifs de vie spécifiques. En outre, les personnages doivent être complexes, avec des motivations et des émotions qui sont compréhensibles et authentiques.

Une autre façon de créer des personnages mémorables est de leur donner des défauts et des faiblesses qui les rendent plus humains et plus accessibles au lecteur ou au spectateur. Les personnages qui sont trop parfaits peuvent sembler artificiels et peu intéressants, tandis que les personnages qui ont des défauts peuvent sembler plus authentiques et réels.

Enfin, les personnages doivent être impliqués dans des situations qui les mettent à l'épreuve et leur permettent de montrer leur véritable caractère. Ces situations peuvent inclure des conflits avec d'autres personnages, des défis externes tels que des catastrophes naturelles ou des batailles, ou des dilemmes moraux qui testent leur loyauté et leur intégrité.

Pour illustrer ces points, prenons l'exemple de Harry Potter. Harry est un personnage mémorable car il est immédiatement reconnaissable grâce à sa cicatrice en forme d'éclair sur le front, qui est le résultat de l'attaque du célèbre sorcier noir

Voldemort. Il est également complexe, avec des motivations profondes pour sauver ses amis et vaincre Voldemort. En outre, Harry a des faiblesses et des défauts, notamment sa tendance à prendre des risques imprudents et à se mettre en danger.

Les situations dans lesquelles Harry se trouve sont également essentielles pour son caractère. Il doit affronter des défis externes tels que les créatures magiques dangereuses et les ennemis puissants, ainsi que des conflits avec ses amis et ses ennemis. En fin de compte, ces éléments combinés créent un personnage mémorable et attachant qui est devenu une icône culturelle.

En conclusion, pour créer des personnages mémorables et attachants, il est important de leur donner des traits distinctifs, de la complexité, des défauts et de les mettre dans des situations qui leur permettent de montrer leur véritable caractère. Ces éléments clés peuvent aider les personnages à se connecter avec les lecteurs et les spectateurs de manière profonde et significative, créant ainsi des histoires captivantes et inoubliables.

Les archétypes de personnages et leur rôle dans le récit

Les archétypes de personnages sont des modèles récurrents dans les histoires qui ont été identifiés par le célèbre psychologue Carl Jung et popularisés par Joseph Campbell dans son livre "Le héros aux mille visages". Ces archétypes, tels que le héros, le mentor, le sage, le rebelle, le clown, etc., sont des personnages universels qui résonnent avec le public et qui ont été utilisés depuis des siècles dans les histoires pour transmettre des messages et des valeurs.

L'archétype du héros, par exemple, est le personnage principal de l'histoire qui doit surmonter des obstacles et des défis pour atteindre un objectif important. Le mentor est un personnage plus âgé et expérimenté qui guide le héros dans sa quête. Le sage est un personnage qui possède une grande sagesse et une connaissance approfondie, et qui aide le héros à trouver sa voie. Le rebelle est un personnage qui conteste l'autorité et les normes établies, et qui inspire le héros à défendre ses propres convictions.

L'utilisation d'archétypes dans le storytelling est importante car elle permet aux auteurs de créer des personnages reconnaissables et facilement compréhensibles pour le public. Les archétypes permettent également de transmettre des messages et des valeurs de manière plus efficace, car ils sont déjà ancrés dans l'inconscient collectif.

Les archétypes peuvent également aider les auteurs à développer des personnages mémorables et attachants en leur donnant des traits de personnalité et des motivations claires et identifiables. Les personnages archétypaux peuvent aussi être utilisés de manière subversive pour créer des personnages qui contournent les attentes du public, comme le héros qui refuse de suivre le chemin tracé ou le mentor qui se révèle être un ennemi.

2. L'intrigue : la colonne vertébrale de l'histoire

Comment créer une intrigue captivante et surprenante

L'intrigue est la colonne vertébrale d'une histoire captivante. Elle est l'élément qui donne vie aux personnages et qui les pousse à agir. Pour créer une intrigue captivante et surprenante, il est important de prendre en compte plusieurs éléments.

Tout d'abord, il est crucial de définir clairement l'objectif principal de l'histoire. Cela peut être une quête, une mission ou un but à atteindre. L'objectif doit être suffisamment clair et motivant pour permettre aux personnages de s'engager pleinement dans l'histoire.

Ensuite, il est important d'ajouter des obstacles et des rebondissements pour maintenir l'intérêt du lecteur. Les personnages doivent être confrontés à des défis qui les obligent à sortir de leur zone de confort et à surmonter leurs peurs et leurs doutes. Les rebondissements inattendus peuvent également aider à maintenir l'attention du lecteur et à susciter de l'émotion.

Il faut créer des personnages complexes et intéressants qui ont des motivations et des objectifs propres. Cela permet de créer des conflits internes et externes qui donnent de la profondeur à l'intrigue.

Enfin, il est important de bien structurer l'intrigue en suivant les principes de la dramaturgie. L'histoire doit avoir un début, un milieu et une fin clairs, avec des moments de tension et de résolution.

Dans le cadre du storytelling, une intrigue captivante est essentielle pour maintenir l'attention du public et susciter de l'émotion. Les éléments d'une bonne intrigue peuvent être utilisés pour structurer une histoire qui a un impact émotionnel sur les lecteurs ou les auditeurs.

Par exemple, dans le film "The Shawshank Redemption", l'objectif principal est la quête de liberté du personnage principal Andy Dufresne, qui est emprisonné à tort. Au cours de l'histoire, il doit surmonter de nombreux obstacles, notamment la brutalité des gardiens de prison et la méfiance de ses camarades de cellule. L'histoire est également riche en rebondissements inattendus, comme lorsque Andy révèle son plan d'évasion et utilise la bibliothèque de la prison pour creuser un tunnel.

En utilisant ces éléments d'intrigue, "The Shawshank Redemption" parvient à captiver le public et à susciter de l'émotion. Le film est devenu un classique du cinéma, en grande partie grâce à l'intrigue captivante et bien structurée qui est au cœur de l'histoire.

3. Les thèmes : le message sous-jacent

L'identification et l'exploration des thèmes universels

Le storytelling est une technique qui permet de transmettre un message à travers une histoire captivante. Les thèmes sont un élément clé du storytelling, car ils permettent d'ajouter une dimension supplémentaire à l'histoire. Les thèmes sont les idées et les messages sous-jacents qui se cachent derrière l'histoire. Ils peuvent être universels et toucher un large public, ou plus spécifiques et destinés à un public particulier.

L'identification des thèmes est une étape importante dans le processus de création d'une histoire captivante. Pour identifier les thèmes d'une histoire, il faut se poser des questions sur les motivations des personnages, les choix qu'ils font et les conséquences de leurs actions. Les thèmes peuvent être basés sur des idées telles que l'amour, la trahison, la justice, le courage, la famille, la liberté, l'égalité, l'amitié, la survie, etc.

Une fois les thèmes identifiés, il est important de les explorer dans l'histoire. Les personnages et les événements de l'histoire doivent refléter les thèmes de manière cohérente et significative. Les thèmes peuvent également être renforcés par les dialogues, les symboles et les métaphores utilisés dans l'histoire.

Les thèmes universels sont particulièrement importants dans le storytelling, car ils permettent de toucher un large public et de créer un lien émotionnel avec les lecteurs ou les spectateurs. Les thèmes universels sont des idées qui sont pertinentes dans toutes les cultures et à toutes les époques. Par exemple, l'amour est un thème universel qui est présent dans de nombreuses histoires à travers le monde et à toutes les époques.

En explorant les thèmes dans l'histoire, le storytelling peut aider à transmettre des messages importants aux lecteurs ou aux spectateurs. Les histoires peuvent être utilisées pour sensibiliser le public à des problèmes sociaux et politiques, pour enseigner des leçons de vie ou pour inspirer les gens à agir pour un changement positif.

En conclusion, les thèmes sont un élément clé du storytelling. Ils permettent d'ajouter une dimension supplémentaire à l'histoire et de transmettre des messages importants aux lecteurs ou aux spectateurs. En identifiant et en explorant les thèmes universels, le storytelling peut toucher un large public et créer un lien émotionnel avec les gens.

Comment transmettre un message sans être moralisateur

Il est fréquent dans les histoires que l'auteur souhaite transmettre un message aux lecteurs, sans pour autant paraître moralisateur. Pour cela, le storytelling offre une technique efficace : la suggestion plutôt que l'affirmation directe.

Au lieu de donner une leçon de morale explicite, l'auteur peut suggérer un message à travers les événements et les actions des personnages. Par exemple, un personnage qui se retrouve face à une décision difficile et fait un choix éthique peut transmettre un message sur la valeur de l'intégrité.

En utilisant des situations et des personnages réalistes et bien développés, les lecteurs peuvent s'identifier et s'investir émotionnellement dans l'histoire. Les messages peuvent alors être transmis de manière subtile mais puissante, en laissant les lecteurs réfléchir et tirer leurs propres conclusions.

Une autre technique courante est l'utilisation de métaphores ou d'allégories pour suggérer un message. Par exemple, dans la célèbre fable "Le lièvre et la tortue", la lenteur de la tortue est une métaphore pour la persévérance, suggérant que la détermination et l'effort sont plus importants que la rapidité et le talent naturel.

Enfin, pour transmettre un message de manière efficace, l'auteur doit s'assurer que le message est en accord avec l'intrigue et les personnages. Si le message semble forcé ou artificiel, les lecteurs peuvent être détournés de l'histoire et perdre tout intérêt.

Le storytelling peut transmettre des messages puissants sans être moralisateur en utilisant des techniques de suggestion, de métaphore et en veillant à ce que le message soit en accord avec l'histoire et les personnages.

Chapitre 4 :

La structure narrative classique : la règle des trois actes

Dans ce chapitre, j'aborde la structure narrative classique en trois actes et explique comment elle peut être utilisée pour créer une histoire cohérente et captivante. Je présente également des variantes et des adaptations de cette structure pour différents genres et formats, ainsi que des conseils pour éviter les pièges courants.

1. L'origine de la structure en trois actes

La popularité et l'universalité de la structure en trois actes

La structure narrative en trois actes est l'une des plus utilisées et les plus populaires dans l'histoire du storytelling.

Elle a été popularisée par les Grecs anciens et utilisée dans des pièces de théâtre classiques comme celles de Shakespeare, ainsi que dans de nombreux films et séries télévisées modernes.

Cette structure en trois actes est universelle, car elle suit un modèle qui est fondamental pour la façon dont les humains pensent et se rappellent les histoires. Elle commence par l'introduction du personnage principal et de son monde, suivi d'un conflit qui crée une tension dramatique, qui culmine finalement dans une résolution satisfaisante pour le public.

Cette structure narrative est devenue populaire car elle permet une progression claire et facile à suivre de l'histoire, en créant une tension dramatique qui maintient l'attention du public.

Elle permet aux auteurs de raconter des histoires complexes et d'intégrer plusieurs arcs narratifs tout en restant cohérents et faciles à suivre.

La structure en trois actes est un outil puissant pour les auteurs de tous types de récits. Elle offre une manière universelle de raconter des histoires captivantes qui capturent l'imagination et les émotions des lecteurs ou des spectateurs.

2. Le premier acte : la mise en place

Le premier acte est le premier tiers de la structure en trois actes, qui est également appelé l'acte d'exposition. Son objectif principal est de mettre en place les éléments de l'histoire : les personnages, l'univers, l'intrigue et les thèmes.

Voici quelques éléments clés de la mise en place dans le premier acte :

- **La présentation des personnages principaux et de leur monde** : C'est l'occasion de présenter les héros, les antagonistes et les personnages secondaires qui jouent un rôle important dans l'histoire. Les personnages doivent être suffisamment bien définis pour que le public puisse s'identifier à eux et comprendre leurs motivations.

- **La définition de l'intrigue** : L'intrigue doit être introduite de manière claire et concise dans le premier acte. Les enjeux de l'histoire doivent être établis, ainsi que les obstacles que les personnages devront surmonter.

- **La présentation des thèmes** : Les thèmes principaux de l'histoire doivent être introduits dans le premier acte. Les thèmes peuvent être explicites ou implicites, mais ils doivent être clairement établis pour que le public puisse comprendre le message sous-jacent de l'histoire.

- **La mise en place du ton et du style** : Le premier acte est également l'occasion de mettre en place le ton et le style de l'histoire. Est-ce une comédie légère ou un drame sombre ? Le ton et le style doivent être cohérents tout au long de l'histoire.

- **La création d'un crochet** : Le premier acte doit captiver l'attention du public et les inciter à continuer à regarder ou lire l'histoire. Pour cela, il est souvent utile de créer un crochet ou une situation intrigante qui maintient le public en haleine.

En bref, le premier acte est crucial pour mettre en place tous les éléments clés de l'histoire.

Une fois que ces éléments sont en place, l'histoire peut se développer pleinement dans le deuxième acte.

3. Le deuxième acte : le développement

Le deuxième acte est la partie centrale de la structure narrative en trois actes, où l'intrigue se développe et où les personnages doivent surmonter des obstacles pour atteindre leur objectif. Ce développement peut être divisé en plusieurs étapes clés :

1. **La confrontation** : les personnages font face à des défis et des obstacles qui entravent leur progression vers leur objectif.

2. **La révélation** : des informations cruciales sont révélées qui font évoluer l'intrigue et modifient la perception des personnages et du public.

3. **La préparation** : les personnages se préparent à surmonter l'obstacle principal de l'intrigue.

4. **Le point de non-retour** : un événement majeur se produit qui change irrévocablement la trajectoire de l'histoire.

5. **Le climax** : le moment de tension maximale où les personnages font face à l'obstacle principal.

6. **La résolution** : les personnages surmontent l'obstacle et atteignent leur objectif.

Dans le deuxième acte, le public est amené à s'investir davantage dans l'histoire et les personnages, et à ressentir un sentiment de progression et d'urgence. C'est une étape cruciale pour maintenir l'intérêt du public jusqu'à la fin de l'histoire.

Le storytelling est fondamental pour donner vie à cette structure narrative en trois actes, en créant des personnages mémorables, des intrigues captivantes et des thèmes universels. Voici quelques exemples d'histoires qui utilisent efficacement le deuxième acte :

- **Le Seigneur des Anneaux** : Le développement de l'intrigue tourne autour de la quête de Frodon pour détruire l'anneau unique, avec une série de défis et d'obstacles qui se dressent sur sa route.

- **Harry Potter** : Dans chaque livre de la série, le deuxième acte suit le développement de l'intrigue autour de la découverte d'un nouvel élément du monde de la magie, tout en mettant en avant les obstacles et les défis que Harry et ses amis doivent surmonter pour atteindre leur objectif.

- **Star Wars** : Dans la trilogie originale, le développement de l'intrigue est centré autour de la quête de Luke Skywalker pour vaincre l'Empire et sauver la galaxie, avec une série de batailles et d'obstacles qui se dressent sur sa route.

En utilisant des personnages attachants, des thèmes universels et des éléments narratifs captivants, ces histoires réussissent à créer un deuxième acte stimulant et émotionnellement engageant.

4. Le troisième acte : la résolution

Le troisième acte de la structure narrative classique est celui de la résolution, également appelé le dénouement. Dans cette partie de l'histoire, les conflits qui ont été établis tout au long du deuxième acte doivent être résolus. C'est le moment où le protagoniste doit faire face aux conséquences de ses choix et de ses actions, et où l'histoire atteint son point culminant.

Pour créer une résolution captivante, il est important de prendre en compte les éléments suivants :

- **La résolution doit être satisfaisante pour le public**. Cela signifie que tous les éléments de l'intrigue doivent être résolus de manière logique et convaincante, sans laisser de questions en suspens ou de fils narratifs non résolus.

- **Le protagoniste doit avoir une progression significative**. Le personnage principal doit avoir appris quelque chose ou avoir subi une transformation significative au cours de l'histoire. Cela peut être en réponse aux événements de l'intrigue ou à travers des relations avec d'autres personnages.

- **La résolution doit être crédible**. Les événements qui se produisent doivent être logiques et cohérents avec ce qui a été établi précédemment dans l'histoire. Les personnages ne doivent pas agir de manière incohérente ou hors de caractère pour résoudre les conflits.

- **La résolution doit être émotionnellement satisfaisante**. Les lecteurs doivent ressentir une certaine catharsis ou un soulagement émotionnel à la fin de l'histoire. Cela peut être réalisé en créant une fin heureuse, en laissant une impression durable, ou en ayant le personnage principal accomplir quelque chose d'important ou de significatif.

Des exemples de résolutions satisfaisantes et mémorables dans la littérature comprennent la fin de "To Kill a Mockingbird" d'Harper Lee, où le personnage principal Atticus Finch doit faire face à l'injustice du système judiciaire américain, mais reste un modèle pour sa communauté. Une autre fin mémorable est celle de "1984" de George Orwell, où le personnage principal Winston Smith accepte finalement le régime totalitaire qu'il avait auparavant combattu.

Dans les films, la résolution peut prendre la forme de la victoire du protagoniste dans "Rocky", ou de la révélation finale de "The Usual Suspects". Dans les jeux vidéo, la résolution peut être l'achèvement de la quête principale dans "The Legend of Zelda : Breath of the Wild", ou la révélation de la vérité sur l'histoire dans "Bioshock Infinite".

Le troisième acte de la structure narrative classique est crucial pour fournir une fin satisfaisante à l'histoire. Une résolution crédible et émotionnellement satisfaisante aidera à laisser une impression durable sur le public et à renforcer le pouvoir du storytelling.

5. A quoi sert de maîtriser les trois actes ?

Maîtriser les trois actes de la structure narrative classique est essentiel pour le storytelling car cela permet de raconter une histoire captivante et cohérente. Cette structure permet de maintenir l'attention du public en créant un rythme et une tension narrative.

En maîtrisant cette structure narrative, les auteurs peuvent créer des histoires captivantes et mémorables, en suscitant des émotions chez les lecteurs ou les spectateurs. Les marques peuvent également utiliser cette structure pour raconter leur histoire de manière plus efficace et créer une connexion émotionnelle avec leur public cible.

Partie 2 :

Le storytelling dans le marketing

Chapitre 5 :

Le storytelling de marque : donner une âme à votre entreprise

Dans ce chapitre, j'aborde l'importance du storytelling pour les marques et comment il permet de donner une âme à votre entreprise. Je présente les différentes étapes pour construire une histoire de marque captivante et authentique, en mettant l'accent sur la mission, la vision, l'histoire d'origine, les valeurs et la culture d'entreprise, ainsi que le ton et le style de communication.

1. L'importance du storytelling pour les marques

Comment les histoires renforcent l'identité et la personnalité d'une marque

Les histoires sont un moyen puissant pour les marques de communiquer leur identité et leur personnalité aux consommateurs. En racontant des histoires, les marques peuvent créer un lien émotionnel avec leur public cible et leur donner une raison de s'engager avec la marque. Voici quelques-unes des façons dont les histoires peuvent renforcer l'identité et la personnalité d'une marque :

1. **Faire ressortir les valeurs de la marque** : En racontant des histoires qui illustrent les valeurs de la marque, les consommateurs peuvent mieux comprendre ce que représente la marque et ce qu'elle défend. Par exemple, si une marque de vêtements se concentre sur la durabilité et l'éthique, elle pourrait raconter une histoire sur la façon dont ses vêtements sont fabriqués à partir de matériaux durables et écologiques, mettant en évidence les valeurs de la marque.

2. **Créer une personnalité de marque distincte** : Les histoires peuvent aider à créer une personnalité de marque distincte qui se démarque de la concurrence. Par exemple, si une marque de fast-food souhaite se différencier en se concentrant sur l'expérience client, elle pourrait raconter des histoires sur la façon dont elle crée des expériences mémorables pour ses clients, mettant en évidence la personnalité de la marque.

3. **Renforcer la connexion émotionnelle avec les consommateurs** : Les histoires peuvent aider à établir une connexion émotionnelle avec les consommateurs en leur donnant une raison de s'engager avec la marque. En racontant des histoires qui suscitent des émotions positives, les consommateurs peuvent se sentir plus connectés et engagés avec la marque.

4. **Humaniser la marque** : Les histoires peuvent aider à humaniser la marque en la rendant plus accessible et en montrant qu'il y a des personnes réelles derrière la marque. En racontant des histoires sur les personnes qui travaillent pour la marque ou sur les personnes qui ont bénéficié des produits ou services de la marque, les consommateurs peuvent mieux comprendre la marque et se sentir plus proches d'elle.

En utilisant le storytelling pour renforcer l'identité et la personnalité de leur marque, les entreprises peuvent créer une expérience plus mémorable et engageante pour leur public cible. Les consommateurs se souviendront plus facilement de la marque et seront plus susceptibles de s'engager avec elle à l'avenir.

Les avantages du storytelling pour l'engagement et la fidélisation des clients

Le storytelling est un outil puissant pour créer un lien émotionnel entre une marque et ses clients, ce qui peut favoriser l'engagement et la fidélisation de ces derniers. En effet, les histoires peuvent aider à susciter des émotions et des sentiments chez les clients, qui vont alors s'identifier à la marque et se sentir concernés par ce qu'elle propose.

Voici quelques avantages du storytelling pour l'engagement et la fidélisation des clients :

- **L'histoire peut aider à créer un sentiment de communauté** : En racontant une histoire qui est en phase avec les valeurs de la marque, il est possible de créer une communauté de clients fidèles qui se sentent connectés les uns aux autres. Cette communauté peut alors devenir un lieu d'échanges et de partage, ce qui favorise l'engagement des clients.

- **L'histoire peut aider à personnaliser l'expérience client** : En utilisant le storytelling, une marque peut créer une histoire qui s'adapte à chaque client et qui lui permet de se sentir unique et spécial. Cela peut aider à renforcer le lien émotionnel entre la marque et le client, ce qui favorise l'engagement et la fidélisation.

- **L'histoire peut aider à créer un attachement émotionnel à la marque** : En racontant une histoire qui évoque des émotions positives, une marque peut créer un attachement émotionnel chez ses clients. Cet attachement peut alors se traduire par une plus grande fidélité, car les clients seront plus enclins à rester fidèles à une marque qui leur procure des émotions positives.

- **L'histoire peut aider à créer une image de marque forte** : En racontant une histoire qui reflète les valeurs et la personnalité de la marque, il est possible de renforcer l'image de marque et de la rendre plus mémorable. Une image de marque forte peut alors aider à fidéliser les clients, car ils seront plus enclins à rester fidèles à une marque qui a une forte personnalité.

En utilisant le storytelling de manière efficace, une marque peut donc créer un lien émotionnel fort avec ses clients, ce qui peut favoriser l'engagement et la fidélisation. Il est donc important pour les marques de comprendre l'importance du storytelling et de l'utiliser de manière stratégique pour renforcer leur identité et leur personnalité.

3. L'histoire d'origine : les racines de votre marque

Les éléments clés d'une histoire d'origine convaincante

Une histoire d'origine convaincante est essentielle pour donner de la crédibilité et de l'authenticité à votre marque. Voici les éléments clés pour en créer une :

L'authenticité

L'histoire d'origine doit être véridique et refléter les valeurs fondamentales de la marque.

L'émotion

Une histoire d'origine doit être émotionnellement puissante, captivant l'attention et l'intérêt du public. Elle doit susciter une réponse émotionnelle chez les auditeurs ou les lecteurs.

L'unicité

L'histoire doit se distinguer de celles des autres marques dans le même secteur. Elle doit avoir une différence unique, une proposition de valeur unique et une histoire à raconter qui ne peut être imitée.

La pertinence

L'histoire doit être pertinente pour le public cible. Elle doit refléter les valeurs et les intérêts de ces derniers.

La simplicité

L'histoire doit être simple, facile à comprendre et à retenir. Elle doit être facile à raconter et à partager.

La continuité

L'histoire doit être cohérente avec la marque et les messages clés qu'elle souhaite transmettre. Elle doit s'intégrer dans la stratégie de communication globale de l'entreprise.

Pour illustrer ces éléments clés, prenons l'exemple de la marque de cosmétiques Lush. Leur histoire d'origine remonte à 1995, lorsque leur fondateur Mark Constantine a décidé de créer une entreprise de cosmétiques naturels faits à la main.

Cette idée est née de son expérience dans l'industrie des cosmétiques, où il avait travaillé pendant des années et avait vu de près les effets négatifs des ingrédients synthétiques sur la peau et l'environnement.

Pour Lush, l'histoire d'origine est un élément clé de leur marque. Ils ont su raconter cette histoire avec passion et conviction, et cela se reflète dans tous les aspects de leur entreprise, de la façon dont ils choisissent leurs ingrédients, jusqu'à la façon dont ils présentent leurs produits.

Voici quelques éléments clés de leur histoire d'origine convaincante :

- **Une cause** : La passion de Mark Constantine pour les cosmétiques naturels et sa volonté de faire une différence dans l'industrie ont été les moteurs de la création de Lush. Cette passion est au cœur de l'histoire de la marque et est véhiculée à travers leur communication.

- **Une approche artisanale** : Lush a été fondée sur l'idée de fabriquer des produits de qualité à la main, avec des ingrédients naturels et frais. Cette approche artisanale est au cœur de leur identité de marque et de leur histoire d'origine.

- **Une vision** : Lush a une vision claire de leur place dans l'industrie des cosmétiques. Ils sont là pour apporter un changement positif, en offrant des alternatives naturelles aux produits synthétiques et en promouvant des pratiques durables.

En racontant leur histoire d'origine de manière convaincante, Lush a réussi à se démarquer dans une industrie saturée de grandes marques. Leur engagement envers la qualité, le naturel et l'environnement est clair pour les consommateurs, qui sont souvent prêts à payer un peu plus cher pour soutenir une marque qui partage leurs valeurs.

Une histoire d'origine convaincante est un élément clé pour donner une âme à votre entreprise et renforcer l'identité de votre marque.

En utilisant les éléments clés évoqués ci-dessus, vous pouvez créer une histoire qui suscite l'intérêt et l'émotion, tout en étant cohérente avec votre stratégie de communication globale.

4. Les valeurs et la culture d'entreprise : l'âme de votre marque

Comment définir et communiquer les valeurs de votre entreprise

Dans un marché de plus en plus concurrentiel, il est important pour une entreprise de se différencier de ses concurrents et de développer une marque forte. L'un des moyens les plus efficaces d'y parvenir est de définir et de communiquer clairement les valeurs et la culture de l'entreprise.

La définition des valeurs de l'entreprise doit être une étape fondamentale de la stratégie marketing, car elle est la base de la communication de la marque. Les valeurs doivent être alignées avec la mission et la vision de l'entreprise, ainsi qu'avec les attentes et les aspirations des clients.

Le storytelling peut jouer un rôle clé dans la communication des valeurs de l'entreprise. En racontant des histoires qui illustrent les valeurs de l'entreprise en action, les clients peuvent se connecter émotionnellement à la marque et s'identifier aux valeurs qu'elle représente.

Pour définir les valeurs de l'entreprise, il est important de prendre en compte les opinions et les attentes des parties prenantes, y compris les clients, les employés et les actionnaires. Les valeurs doivent être clairement définies et communiquées à tous les niveaux de l'entreprise, afin de garantir une cohérence dans la communication de la marque.

Une fois que les valeurs ont été définies, il est important de les mettre en action. Les clients sont plus enclins à faire confiance à une entreprise qui met en pratique ce qu'elle prêche. En montrant comment les valeurs sont intégrées dans les produits, les services et les processus de l'entreprise, elle peut renforcer la confiance et la fidélité des clients.

Vous devez communiquez les valeurs de manière cohérente et stratégique. Le storytelling peut être utilisé pour raconter des histoires qui illustrent comment les valeurs sont intégrées dans l'entreprise et pour montrer les avantages pour les clients de faire affaire avec une entreprise qui partage leurs valeurs.

Les valeurs et la culture d'entreprise sont des éléments clés pour développer une marque forte et se différencier des concurrents. La définition et la communication des valeurs doivent être alignées avec la mission et la vision de l'entreprise, et être communiquées de manière cohérente et stratégique à tous les niveaux de l'entreprise. Le storytelling peut jouer un rôle clé dans la communication de ces valeurs en action.

L'importance de la culture d'entreprise dans le storytelling de marque

La culture d'entreprise joue un rôle essentiel dans le storytelling de marque car elle est l'essence même de l'âme de l'entreprise. Elle englobe les valeurs, les croyances, les attitudes et les comportements qui régissent les interactions au sein de l'entreprise. Elle est donc cruciale pour la façon dont l'entreprise se présente aux yeux du public.

Le storytelling de marque est une technique qui permet aux entreprises de raconter une histoire qui leur est propre, en créant une connexion émotionnelle avec leur public cible. Pour réussir dans cette entreprise, il est crucial que l'histoire racontée soit cohérente avec la culture d'entreprise de la marque. Les histoires doivent refléter les valeurs et les croyances qui sont ancrées dans l'entreprise. Les clients veulent savoir ce que l'entreprise représente et ce en quoi elle croit avant de décider d'acheter ses produits ou services.

Les marques qui réussissent à intégrer leur culture d'entreprise dans leur storytelling peuvent créer une expérience de marque plus significative et authentique pour leur public. Les clients ont une forte propension à s'engager avec les marques qui partagent leurs valeurs et leurs croyances, et qui les reflètent dans leur communication et leur comportement. En se concentrant sur la culture d'entreprise, les entreprises peuvent donner vie à leur marque et offrir une expérience plus humaine et authentique à leur public.

5. Les héros et les ambassadeurs de la marque : les visages de votre histoire

L'importance des ambassadeurs de marque

Les ambassadeurs de marque jouent un rôle crucial dans le storytelling de l'entreprise, car ils incarnent les valeurs, l'image et la personnalité de la marque. Ils peuvent être des employés de l'entreprise, des personnalités publiques ou des consommateurs fidèles qui partagent leur expérience avec la marque.

L'utilisation d'ambassadeurs de marque peut renforcer la crédibilité de la marque, car ils apportent une preuve sociale en témoignant de leur expérience positive avec la marque. Ils peuvent également aider à humaniser la marque en donnant un visage et une voix à l'entreprise.

De plus, les ambassadeurs de marque peuvent aider à atteindre de nouveaux publics en partageant leur expérience avec leur propre réseau de contacts et en les encourageant à découvrir la marque à leur tour.

Il est important de choisir les bons ambassadeurs de marque en fonction de leur compatibilité avec les valeurs de l'entreprise et leur capacité à incarner l'identité de la marque de manière authentique. Il est également important de s'assurer qu'ils ont une présence forte sur les réseaux sociaux et un public engagé pour maximiser l'impact de leur témoignage.

Le storytelling de vos ambassadeurs peut très bien se lié au storytelling de votre marque. Si l'histoire de l'un de vos ambassadeurs est passionnante, pourquoi ne pas la lié à votre histoire de marque ?

Comment identifier et valoriser les ambassadeurs de votre marque

Pour identifier et valoriser les ambassadeurs de votre marque, il est important de comprendre leur rôle dans votre histoire de marque. Les ambassadeurs de la marque sont les personnes qui incarnent les valeurs de votre entreprise et qui en parlent à leur entourage, que ce soit des clients, des employés ou des partenaires.

Voici quelques étapes pour identifier et valoriser les ambassadeurs de votre marque :

1. **Identifiez les personnes qui sont passionnées par votre marque** : Cela peut être des clients fidèles, des employés engagés ou des partenaires qui partagent vos valeurs. Vous pouvez utiliser des enquêtes, des sondages ou des analyses pour trouver ces personnes.

2. **Identifiez les personnes qui ont une forte présence sur les réseaux sociaux** : Les influenceurs, les blogueurs ou les personnes ayant une forte présence sur les réseaux sociaux peuvent être de bons ambassadeurs pour votre marque.

3. **Encouragez et récompensez les ambassadeurs de votre marque** : Offrez-leur des avantages exclusifs, des cadeaux ou des récompenses pour leur engagement envers votre marque. Cela peut les inciter à en parler à leur entourage et à renforcer leur relation avec votre entreprise.

4. **Utilisez leur témoignage pour renforcer votre storytelling de marque** : Les témoignages et les histoires personnelles de vos ambassadeurs peuvent

être utilisés dans votre storytelling de marque pour renforcer la crédibilité de votre entreprise et la connexion émotionnelle avec votre audience.

En valorisant les ambassadeurs de votre marque, vous pouvez renforcer la crédibilité de votre entreprise et améliorer votre relation avec vos clients, employés et partenaires. Cela peut également aider à renforcer votre storytelling de marque en utilisant leurs témoignages et histoires personnelles pour donner une voix authentique et humaine à votre entreprise.

Chapitre 6 :

Exemples de storytelling réussis des grandes marques

Dans ce chapitre, je présente des exemples de grandes marques qui ont réussi à créer un storytelling impeccable, en mettant l'accent sur leur histoire d'origine, leur mission, leur vision, et leurs campagnes emblématiques. Ces exemples illustrent la manière dont un storytelling réussi peut renforcer l'identité d'une marque et créer un lien émotionnel fort avec les consommateurs.

1. Apple : l'innovation et la simplicité au service de l'utilisateur

L'histoire d'origine d'Apple et l'impact de Steve Jobs

Laissez-moi vous parler de l'histoire d'origine d'Apple, qui est étroitement liée à son storytelling réussi.

L'histoire d'Apple a commencé en 1976, lorsque Steve Jobs et Steve Wozniak ont créé le premier ordinateur personnel dans le garage des parents de Jobs. À l'époque, les ordinateurs étaient réservés aux grandes entreprises et aux institutions gouvernementales. Cependant, Jobs et Wozniak ont vu un potentiel inexploité et ont décidé de créer un ordinateur personnel abordable pour tous. Ils ont créé le premier ordinateur personnel, l'Apple I, qui était révolutionnaire pour l'époque.

Cependant, l'histoire d'Apple ne se limite pas à l'innovation technologique. Elle est également marquée par la personnalité charismatique de son cofondateur, Steve Jobs. Il était connu pour sa vision unique, sa créativité, son perfectionnisme et sa passion pour le design. Jobs a réussi à créer une culture d'entreprise axée sur l'innovation, la créativité et la simplicité. Cette culture a été intégrée dans l'ADN de l'entreprise et est restée un élément clé de son storytelling.

Le storytelling d'Apple a été construit autour de ces éléments clés de son histoire d'origine. La marque a su captiver les consommateurs en créant des produits innovants qui ont transformé la vie des gens. Elle a également su créer un mythe autour de ses fondateurs, en particulier Steve Jobs, en les présentant comme des visionnaires qui ont changé le monde. L'entreprise a également intégré l'histoire d'Apple dans ses publicités, en utilisant des slogans tels que "Think Different" pour illustrer sa culture d'innovation et de créativité.

En utilisant des éléments clés de son histoire d'origine, Apple a créé une identité de marque forte et cohérente qui est devenue une référence dans l'industrie technologique. Les consommateurs ont appris à associer la marque Apple à l'innovation, à la simplicité et au design élégant, et sont devenus fidèles à la marque.

L'histoire d'Apple et son storytelling réussi ont été des éléments clés de sa réussite. Elle a su captiver l'imagination des consommateurs en créant des produits qui ont changé leur vie, tout en créant une culture d'entreprise axée sur l'innovation, la créativité et la simplicité. Apple a su utiliser son histoire pour créer une identité de marque forte et cohérente qui est devenue une référence, ce qui a permis à la marque de se démarquer de ses concurrents.

Les valeurs et la vision qui façonnent le storytelling d'Apple

Apple est une entreprise qui a réussi à se forger une image de marque forte en se concentrant sur des valeurs clés. Au cœur de sa philosophie se trouve l'innovation, la simplicité et l'expérience utilisateur.

Ces valeurs sont reflétées dans l'ensemble du storytelling de l'entreprise.

L'innovation est le moteur de l'entreprise depuis ses débuts. Steve Jobs était un homme qui a toujours été en avance sur son temps. Il a lancé de nombreux produits qui ont révolutionné l'industrie de la technologie. La vision de Jobs était de créer des produits qui changeraient la vie des gens. Cette passion pour l'innovation est toujours présente chez Apple aujourd'hui, comme en témoignent les lancements réguliers de nouveaux produits et services.

La simplicité est une autre valeur clé de l'entreprise. Apple a toujours cherché à simplifier la technologie et à la rendre accessible à tous. La philosophie de l'entreprise est que la technologie doit être facile à utiliser, sans effort et intuitive. Cette vision se reflète dans la conception de leurs produits, qui sont réputés pour leur simplicité et leur élégance.

L'expérience utilisateur est également une valeur fondamentale pour Apple. L'entreprise croit que la technologie doit améliorer la vie des gens et rendre les tâches quotidiennes plus simples et plus agréables. L'entreprise place les utilisateurs au centre de son storytelling, en les aidant à comprendre comment leurs produits peuvent les aider à vivre leur vie plus efficacement.

Le storytelling d'Apple est construit autour de ces valeurs clés. L'entreprise utilise des histoires pour transmettre sa vision et partager son enthousiasme pour l'innovation, la simplicité et l'expérience utilisateur. Les campagnes publicitaires d'Apple mettent souvent en avant des histoires de personnes qui utilisent leurs produits pour simplifier leur vie ou accomplir des tâches qu'ils n'auraient jamais cru possibles. Les histoires sont racontées de manière simple et directe, ce qui correspond à la philosophie de l'entreprise.

Le storytelling d'Apple est également basé sur une esthétique visuelle forte. L'entreprise utilise souvent des images simples et épurées pour mettre en avant ses produits, et la conception de ses publicités est souvent minimaliste. Cela aide à renforcer l'image de simplicité et d'élégance que l'entreprise souhaite transmettre.

Enfin, le storytelling d'Apple est également basé sur un langage clair et simple. Les messages publicitaires sont souvent succincts et faciles à comprendre, ce qui permet à l'entreprise de toucher un public plus large.

Les valeurs clés d'Apple sont l'innovation, la simplicité et l'expérience utilisateur, et elles sont au cœur du storytelling de l'entreprise. Les histoires que l'entreprise raconte à travers ses publicités et sa communication sont simples, visuellement attrayantes et faciles à comprendre. Cette approche aide à renforcer l'image de marque de l'entreprise et à la rendre plus accessible aux consommateurs.

2. Nike : l'inspiration et l'émancipation par le sport

La mission et les valeurs de Nike

Nike est l'une des marques les plus connues au monde, grâce à son histoire et à son storytelling remarquable. La mission de Nike est de "procurer de l'inspiration et de l'innovation à tous les athlètes du monde", ce qui a inspiré de nombreuses campagnes publicitaires et événements de la marque. Les valeurs de Nike sont centrées sur l'innovation, l'inspiration et l'émancipation par le sport.

Nike a été fondé en 1964 par Bill Bowerman et Phil Knight, sous le nom de Blue Ribbon Sports. À l'époque, Bowerman était entraîneur d'athlétisme à l'Université d'Oregon, et Knight était l'un de ses coureurs. Ensemble, ils ont créé une entreprise pour importer des chaussures de course japonaises de haute qualité aux États-Unis. En 1971, ils ont renommé leur entreprise Nike, en référence à la déesse grecque de la victoire.

Au fil des ans, Nike est devenu l'une des plus grandes marques de sport au monde, connue pour son innovation, son design et sa capacité à inspirer les athlètes et les amateurs de sport. Nike a également été le pionnier du storytelling de marque dans le domaine du sport, en créant des campagnes publicitaires emblématiques qui ont captivé des millions de personnes à travers le monde.

Le storytelling de Nike s'appuie sur ces valeurs pour inspirer les consommateurs à repousser leurs limites et à se surpasser. La marque cherche à créer une relation émotionnelle avec les consommateurs en s'adressant à leur désir de dépassement de soi et de réalisation de leurs objectifs, quels qu'ils soient. En utilisant des athlètes de renom, des messages d'encouragement et des histoires inspirantes, Nike crée une identité forte et engageante pour sa marque.

Un exemple marquant du storytelling de Nike est sa campagne "Just Do It". Cette campagne est devenue emblématique pour la marque, car elle encourage les gens à sortir de leur zone de confort et à se dépasser dans leur pratique sportive, mais aussi dans leur vie quotidienne. La campagne "Just Do It" s'adresse à l'aspiration de chacun à être meilleur, plus fort, plus courageux et plus déterminé.

La mission et les valeurs de Nike se reflètent dans son storytelling, qui cherche à inspirer les consommateurs à atteindre leur plein potentiel grâce à la pratique sportive et à la détermination. Le storytelling de Nike montre que l'engagement émotionnel des consommateurs est essentiel pour établir une connexion durable avec une marque.

Les campagnes publicitaires emblématiques et le storytelling de Nike

Nike est une entreprise qui a su faire du storytelling un véritable art et une arme marketing efficace. La marque est connue pour ses campagnes publicitaires emblématiques, qui allient la créativité, la force émotionnelle et l'impact visuel. Chacune de ces campagnes raconte une histoire qui va au-delà de la simple vente d'un produit et qui transmet une émotion, une idée, une attitude.

Parmi les campagnes publicitaires les plus emblématiques de Nike, on peut citer "Just Do It", "Find Your Greatness", "Unlimited You", "Dream Crazy", "The Chance". Chacune de ces campagnes a son propre message et sa propre histoire.

- **La campagne "Just Do It"**, dont j'ai parlé juste avant, a été lancée en 1988, avec le célèbre slogan "Just Do It". Cette campagne visait à inspirer les consommateurs à être plus actifs et à atteindre leurs objectifs, quel que soit leur niveau de condition physique ou leur âge. Cette campagne a été un succès immédiat et a permis à Nike de se positionner comme une marque qui encourage l'accomplissement de soi et l'ambition.

- **La campagne "Find Your Greatness"**, lancée en 2012, mettait en avant l'idée que tout le monde peut atteindre la grandeur, quelle que soit sa condition physique ou son niveau de compétence. Cette campagne a été un hommage aux athlètes de tous les jours, qui travaillent dur pour atteindre leurs objectifs et qui sont souvent ignorés dans un monde axé sur les performances exceptionnelles. Cette campagne a souligné l'importance de la persévérance, de la motivation et de l'entraînement pour atteindre ses objectifs.

- **La campagne "Unlimited You"**, lancée en 2016, mettait en avant l'importance de repousser ses limites et d'explorer son potentiel. Cette campagne a présenté des athlètes de tous horizons, qui ont réussi à surmonter des obstacles et à réaliser leurs rêves grâce à leur détermination et leur persévérance. Cette campagne a été un appel à l'action pour tous ceux qui cherchent à atteindre leur potentiel maximum.

- **La campagne "Dream Crazy"**, lancée en 2018, mettait en avant l'importance de suivre ses rêves, même lorsque cela semble impossible. Cette campagne a été marquée par la participation de Colin Kaepernick, joueur de football américain qui a protesté contre les violences policières et les inégalités raciales en s'agenouillant pendant l'hymne national. Cette campagne a souligné l'importance de la liberté d'expression et de la lutte contre les préjugés et les stéréotypes.

- **La campagne "The Chance"**, lancée en 2010, était une campagne mondiale qui visait à découvrir de jeunes talents du football à travers des sélections régionales et des compétitions. Cette campagne a été une opportunité pour les jeunes joueurs de réaliser leur rêve de devenir des professionnels du football et de rejoindre la famille Nike.

Toutes ces campagnes publicitaires ont un point commun : elles ont toutes une histoire à raconter. Elles ont toutes utilisé le pouvoir du storytelling pour transmettre un message fort, inspirant

3. Coca-Cola : partager le bonheur et la convivialité

L'histoire de Coca-Cola et son évolution

Coca-Cola est une marque américaine créée en 1886 par le pharmacien John Pemberton. Au début, la boisson était commercialisée comme un remède pour les maux d'estomac et les maux de tête. Mais rapidement, son goût sucré a séduit les consommateurs, et Coca-Cola est devenu une boisson populaire dans le monde entier.

Au fil des années, Coca-Cola a évolué pour devenir une marque emblématique, associée à des valeurs de convivialité, de bonheur et de partage. La marque a su se renouveler en proposant de nouveaux produits et en adaptant sa communication aux évolutions de la société.

Coca-Cola a également su créer un storytelling fort, en mettant en avant des moments de convivialité et de partage, à travers des campagnes publicitaires mémorables.

Coca-Cola a également su adapter son storytelling aux enjeux environnementaux, en lançant des campagnes de sensibilisation sur la réduction des déchets et la protection de l'environnement.

Il s'agit d'une marque emblématique qui a su évoluer au fil des années, tout en gardant son identité et ses valeurs de convivialité et de partage. Le storytelling de Coca-Cola, axé sur ces valeurs, a contribué à faire de la marque une référence mondiale.

Les campagnes et les histoires qui ont marqué le storytelling de Coca-Cola

Dès sa création en 1886, le fondateur de Coca-Cola, John Pemberton, a cherché à créer une boisson rafraîchissante et revigorante qui répandrait de la joie et de la bonne humeur. Cette idée a rapidement été reprise par la société Coca-Cola, qui a développé une stratégie de communication basée sur des campagnes publicitaires innovantes et des histoires marquantes.

L'une des campagnes publicitaires les plus célèbres de Coca-Cola est sans aucun doute celle de "Hilltop" en 1971. Cette campagne a été créée pour promouvoir une chanson intitulée "I'd Like to Buy the World a Coke" qui véhicule un message d'unité, d'amitié et de partage. La publicité montre des personnes de différentes cultures et nationalités se réunissant sur une colline pour boire une Coca-Cola et chanter ensemble. Cette campagne est devenue emblématique de la marque et a marqué le début de l'utilisation du storytelling dans le marketing de Coca-Cola.

Coca-Cola a également su s'adapter à l'évolution de la société et des médias en développant des histoires qui résonnent avec les consommateurs d'aujourd'hui. Par exemple, la campagne "Partager un Coca-Cola" lancée en 2011 a été un énorme succès en personnalisant les bouteilles et les canettes avec des prénoms populaires. Cette campagne a encouragé les consommateurs à partager une Coca-Cola avec des amis et des membres de la famille, renforçant ainsi les valeurs d'amitié et de partage qui sont chères à la marque.

Enfin, Coca-Cola a créé des histoires inspirantes en mettant en avant des athlètes et des célébrités dans ses campagnes publicitaires. Par exemple, la campagne "Reasons to Believe" met en avant des histoires de personnes qui ont surmonté des obstacles pour réaliser leurs rêves, mettant en avant des valeurs d'optimisme et de persévérance.

La marque a réussi à travers ses campagnes publicitaires et ses histoires à transmettre des valeurs positives et universelles, créant une image de marque forte et durable. La marque a su se réinventer au fil des années en utilisant le storytelling pour rester pertinente et connectée avec son public.

4. Airbnb : un monde plus accueillant et connecté

L'histoire d'origine d'Airbnb et sa vision

L'histoire d'Airbnb commence en 2007, lorsque deux colocataires de San Francisco, Brian Chesky et Joe Gebbia, ont eu l'idée de louer des matelas gonflables dans leur appartement pour les visiteurs de la conférence de design de San Francisco. Ils ont rapidement réalisé que cela pourrait devenir une entreprise viable et ont créé Airbnb. Le nom est né de l'idée d'offrir un service qui permettrait aux gens de dormir sur un matelas gonflable, d'air (Air), et de partager leur espace de vie (bnb, pour bed and breakfast). Le but de l'entreprise était de permettre aux gens de trouver des hébergements uniques et authentiques dans le monde entier, tout en offrant une expérience de voyage plus personnelle et plus connectée.

La vision d'Airbnb est de "créer un monde où n'importe qui peut se sentir chez soi n'importe où". Cette vision est fondée sur l'idée que les voyages peuvent rapprocher les gens et favoriser la compréhension mutuelle. En proposant des hébergements chez l'habitant, Airbnb offre aux voyageurs l'occasion de vivre comme un local et de se connecter avec la communauté locale. Cela peut aider à briser les barrières culturelles et à promouvoir la compréhension et le respect mutuels.

Le storytelling d'Airbnb repose sur la conviction que le voyage est une expérience personnelle et que les hébergements sont plus que de simples endroits pour dormir. L'entreprise met en avant les expériences de voyage uniques et les histoires des hôtes et des voyageurs qui ont utilisé Airbnb pour trouver des hébergements authentiques. Les campagnes publicitaires d'Airbnb mettent souvent en scène des voyageurs qui ont eu des expériences mémorables en utilisant le service, comme une famille qui a loué un château en Écosse ou un couple qui a passé une nuit dans une cabane en Alaska.

L'histoire d'origine d'Airbnb est donc celle de deux colocataires qui ont eu une idée ingénieuse pour louer des matelas gonflables. La vision de l'entreprise est de connecter les gens à travers les voyages en offrant des hébergements uniques et authentiques. Le storytelling d'Airbnb met en avant les expériences de voyage uniques et les histoires des hôtes et des voyageurs, ce qui permet à l'entreprise de se différencier des autres services de voyage et de créer une communauté de voyageurs fidèles.

Les campagnes et les initiatives qui illustrent le storytelling d'Airbnb

Airbnb est une marque qui a su exploiter les avantages du storytelling pour se démarquer sur le marché. Les campagnes publicitaires et les initiatives lancées par la marque ont toutes un point commun : elles mettent en avant la notion de communauté, d'ouverture d'esprit, et la découverte de nouvelles cultures.

Voici quelques exemples :

- **"Is Mankind?"** : Cette campagne, lancée en 2017, est centrée sur l'idée que nous avons plus de choses en commun que de différences. Elle met en avant des personnes de différentes origines, cultures, religions, sexualités, etc., qui partagent leur vision de l'accueil et de l'ouverture d'esprit. La vidéo de la campagne met également en scène des hôtes Airbnb qui partagent leur expérience et leur passion pour l'accueil.

- **"We Accept"** : Cette campagne, lancée en 2017, est une réponse directe à la politique migratoire de Donald Trump. Elle vise à montrer que la marque est ouverte à tous les voyageurs, indépendamment de leur origine ou de leur religion. Le message est clair : chez Airbnb, tout le monde est le bienvenu.

- **"Airbnb Experiences"** : Cette initiative lancée en 2016 permet aux hôtes Airbnb de proposer des activités locales à leurs invités, allant de la cuisine locale à la randonnée en montagne. Cette initiative met en avant l'idée que les voyages ne se résument pas à des hôtels et des sites touristiques, mais qu'ils peuvent être une occasion de découvrir une culture de l'intérieur.

- **"Night At"** : Cette initiative permet à des personnes de séjourner dans des lieux insolites, tels qu'un avion, une cabane dans les arbres, un château, etc. Cette initiative met en avant l'idée de l'aventure et de la découverte de lieux uniques, tout en s'inscrivant dans la philosophie de la marque, axée sur l'accueil et l'ouverture d'esprit.

Ces exemples illustrent la capacité d'Airbnb à créer des histoires inspirantes et à toucher les émotions des consommateurs. En mettant en avant des valeurs telles que l'ouverture d'esprit, la découverte et la communauté, Airbnb a su créer une image de marque forte et mémorable. Cela montre l'importance de la créativité et de l'innovation dans le storytelling de marque.

5. Patagonia : l'engagement environnemental et la durabilité

La mission et les valeurs de Patagonia

La marque Patagonia est connue pour son engagement environnemental et sa philosophie de durabilité, qui se reflète dans l'ensemble de son storytelling. Sa mission est de "construire le meilleur produit, ne pas causer de mal inutilement, utiliser les affaires pour inspirer et mettre en œuvre des solutions à la crise environnementale". La marque est profondément attachée à la protection de l'environnement et croit que les entreprises ont une responsabilité envers la planète.

Les valeurs de la marque sont étroitement liées à sa mission, et la marque met en avant sa transparence, son engagement et sa passion pour l'environnement. Patagonia croit en la nécessité de protéger les lieux sauvages de la planète, et encourage ses clients à s'engager dans des actions de protection de l'environnement.

Le storytelling de Patagonia est fondé sur des histoires d'exploration et d'aventure en plein air, ainsi que sur son engagement en faveur de l'environnement. Les campagnes publicitaires de la marque mettent en avant des aventuriers, des athlètes et des militants de l'environnement qui partagent la passion de la marque pour la nature et l'aventure. Les récits de Patagonia reflètent également sa mission et ses valeurs, en encourageant les gens à sortir et à découvrir les merveilles de la nature, tout en prenant soin de la planète.

En outre, la marque a mis en place de nombreuses initiatives pour soutenir son engagement environnemental, comme son programme "Worn Wear", qui encourage les clients à réparer leurs vêtements Patagonia plutôt que de les jeter, ou son engagement à faire don de 1% de ses ventes à des organisations environnementales.

Le storytelling de Patagonia est basé sur sa mission et ses valeurs environnementales, qui sont mises en avant dans toutes ses campagnes publicitaires et ses initiatives. La marque s'efforce de sensibiliser les gens à l'importance de la protection de l'environnement, tout en les encourageant à sortir et à profiter de la nature.

Les campagnes et les actions concrètes qui renforcent le storytelling de Patagonia

Patagonia est une entreprise qui a toujours eu pour objectif de préserver l'environnement et d'encourager la durabilité. Cela se reflète clairement dans leur storytelling de marque. Voici quelques-unes des campagnes et actions concrètes de Patagonia qui illustrent cette mission et renforcent leur storytelling :

- **"Don't buy this jacket"** : En 2011, Patagonia a lancé une campagne publicitaire invitant les consommateurs à réfléchir avant d'acheter de nouveaux vêtements et à considérer l'impact environnemental de leurs choix. La campagne mettait en avant une veste Patagonia avec le slogan "Don't buy this jacket" et encourageait les gens à réparer leurs vêtements existants plutôt que d'en acheter de nouveaux.

- **Les programmes de recyclage** : Patagonia a mis en place plusieurs programmes de recyclage pour aider les consommateurs à donner une seconde vie à leurs vêtements. Ils offrent également des conseils sur l'entretien et la réparation des vêtements pour prolonger leur durée de vie.

- **Le fonds de défense de l'environnement** : Patagonia a créé un fonds de défense de l'environnement qui verse des millions de dollars chaque année à des groupes de défense de l'environnement à travers le monde. Les subventions soutiennent des projets visant à protéger les terres et les eaux sauvages, à lutter contre les changements climatiques et à promouvoir une agriculture durable.

- **Les publicités et les documentaires** : Patagonia a produit plusieurs publicités et documentaires pour mettre en avant leur engagement environnemental. Par exemple, la série de documentaires "The Footprint Chronicles" suit le parcours de production de certains des vêtements Patagonia, en mettant en évidence les défis environnementaux et sociaux auxquels l'entreprise est confrontée.

Toutes ces campagnes et actions concrètes de Patagonia illustrent clairement leur mission et leurs valeurs en matière d'environnement et de durabilité. Ils ne se contentent pas de raconter leur histoire, ils la vivent et la mettent en action. Cela renforce la crédibilité de leur storytelling et leur permet de se différencier de leurs concurrents.

Chapitre 7 :

Les médias sociaux et le storytelling : construire une communauté autour de votre histoire

Dans ce chapitre, j'aborde l'importance des médias sociaux dans le storytelling moderne et comment construire une communauté autour de votre histoire. Je présente des conseils pour adapter votre storytelling aux différentes plateformes de médias sociaux et créer du contenu engageant. Enfin, je discute des stratégies pour entretenir une relation étroite avec votre audience et encourager leur participation et le partage de votre histoire.

1. L'importance des médias sociaux dans le storytelling moderne

La portée et l'influence des médias sociaux sur le public

Les médias sociaux ont radicalement changé la manière dont les gens communiquent, partagent et accèdent à l'information. Ils ont permis une plus grande portée et une plus grande influence pour les marques et les individus qui souhaitent raconter leur histoire. Les plateformes de médias sociaux telles que Facebook, Twitter, Instagram, TikTok et LinkedIn permettent aux marques d'atteindre un public mondial de manière rapide et efficace.

Les médias sociaux ont permis une plus grande interactivité et engagement entre les marques et leur public. Les consommateurs peuvent interagir directement avec les marques, commenter et partager leur contenu, et même co-créer des histoires avec eux. Cela permet aux marques de se connecter de manière plus authentique et personnelle avec leur public, en construisant une communauté de personnes qui partagent les mêmes valeurs et les mêmes intérêts.

Les médias sociaux sont devenus un élément clé du storytelling moderne, permettant aux marques de diffuser leur message de manière créative et engageante. Les histoires sont partagées sous forme de photos, de vidéos, de textes et de graphiques, pour créer un contenu visuellement attractif et facilement partageable. Les médias sociaux permettent aux marques de mesurer et d'analyser l'impact de leur storytelling, en suivant les likes, les partages, les commentaires et les interactions. Cela permet aux marques de comprendre comment leur public réagit à leur contenu et de l'ajuster en conséquence.

Les médias sociaux ont donc une influence immense sur la façon dont les marques racontent leur histoire et communiquent avec leur public. Ils permettent une plus grande portée, interactivité et engagement, tout en offrant une analyse précieuse des résultats. Le storytelling sur les médias sociaux est donc un élément clé de toute stratégie de marketing moderne et efficace.

Les opportunités offertes par les médias sociaux pour raconter des histoires

Les médias sociaux offrent de nombreuses opportunités pour raconter des histoires de manière créative et engageante. En effet, les marques peuvent utiliser différents formats pour partager leur histoire, tels que des photos, des vidéos, des stories, des lives, des posts, etc. De plus, les médias sociaux permettent d'interagir directement avec le public et de créer une communauté autour de l'histoire de la marque.

Voici quelques exemples d'opportunités offertes par les médias sociaux pour raconter des histoires :

Les visuels

Les images et les vidéos sont des moyens très efficaces pour raconter une histoire de manière visuelle. Les marques peuvent utiliser des images de qualité professionnelle ou des vidéos pour capturer l'attention du public et raconter leur histoire de manière plus dynamique. Les visuels doivent être soigneusement choisis pour refléter l'identité de la marque et le message qu'elle souhaite transmettre.

Les témoignages

Les témoignages de clients satisfaits sont une excellente manière de raconter l'histoire de la marque à travers les yeux de ses clients. Les marques peuvent utiliser des témoignages écrits, des vidéos ou même des enregistrements audios pour partager les expériences de leurs clients et montrer l'impact positif de leurs produits ou services.

Les hashtags

Les hashtags sont des moyens efficaces de susciter l'engagement autour de l'histoire de la marque. Les marques peuvent créer des hashtags personnalisés pour leurs campagnes publicitaires ou encourager leur public à utiliser des hashtags spécifiques pour partager leurs expériences avec les produits ou services de la marque. Cela permet de créer une communauté autour de la marque et de faciliter la découverte de son histoire par de nouveaux publics.

Les histoires en direct

Les lives sur les réseaux sociaux sont un excellent moyen de raconter une histoire de manière authentique et spontanée. Les marques peuvent utiliser des lives pour montrer les coulisses de leur entreprise, présenter leurs employés ou même organiser des événements en direct pour interagir directement avec leur public.

Les contenus générés par les utilisateurs

Les contenus générés par les utilisateurs, tels que des photos ou des vidéos de clients utilisant les produits ou services de la marque, sont un excellent moyen de raconter l'histoire de la marque à travers les yeux de ses clients. Les marques peuvent encourager leurs clients à partager leurs expériences avec des hashtags spécifiques ou à participer à des concours pour gagner des prix.

Les médias sociaux offrent de nombreuses opportunités pour raconter des histoires de manière créative et engageante. Les marques peuvent utiliser différents formats et outils pour partager leur histoire et créer une communauté autour de leur marque. Le storytelling est essentiel pour connecter émotionnellement avec le public et les médias sociaux sont un excellent moyen de le faire de manière innovante et efficace.

2. Adapter votre storytelling aux différentes plateformes de médias sociaux

Les spécificités de chaque plateforme et comment les utiliser pour raconter votre histoire

Bien sûr, les différentes plateformes de médias sociaux ont chacune leurs spécificités en termes de format, de public et de ton. En adaptant votre storytelling à chaque plateforme, vous pouvez toucher votre public de manière plus efficace et engager davantage votre communauté. Voici quelques spécificités de chaque plateforme et comment les utiliser pour raconter votre histoire :

- **Facebook** : Facebook est idéal pour raconter des histoires plus longues et plus complexes, comme des témoignages de clients ou des histoires de la vie de l'entreprise. Les vidéos sont également très efficaces sur Facebook, en particulier les vidéos en direct et les histoires. Utilisez des visuels attrayants et des légendes claires pour maximiser l'impact de votre message.

- **Instagram** : Instagram est une plateforme visuelle, donc utilisez des images et des vidéos de haute qualité pour raconter votre histoire. Utilisez des hashtags pertinents pour atteindre de nouveaux publics et utilisez des légendes inspirantes et engageantes pour inciter les utilisateurs à interagir avec votre contenu. Les stories Instagram sont également un excellent moyen de raconter des histoires éphémères et de créer une relation plus personnelle avec votre public.

- **Twitter** : Twitter est axé sur le texte et la brièveté, donc utilisez des messages courts et concis pour raconter votre histoire. Utilisez des hashtags pertinents pour atteindre de nouveaux publics et retweeter les tweets de votre communauté pour encourager l'interaction et l'engagement.

- **LinkedIn** : LinkedIn est une plateforme professionnelle, utilisez donc un ton plus formel et axé sur les affaires pour raconter votre histoire. Utilisez des publications longues pour partager des histoires plus complexes, mais également des histoires courtes et inspirantes pour engager votre public.

- **YouTube** : YouTube est idéal pour raconter des histoires à travers des vidéos plus longues et plus élaborées. Utilisez des visuels de haute qualité et des bandes sonores appropriées pour ajouter de la profondeur à votre histoire. Les descriptions de vidéos et les titres de vidéos doivent être clairs et concis pour atteindre votre public cible.

En adaptant votre storytelling à chaque plateforme, vous pouvez atteindre de nouveaux publics et engager davantage votre communauté. En gardant à l'esprit les spécificités de chaque plateforme, vous pouvez raconter votre histoire de manière plus efficace et créer des relations plus profondes avec votre public.

Les astuces pour créer du contenu engageant et adapté aux médias sociaux

Pour créer du contenu engageant et adapté aux médias sociaux, il y a plusieurs astuces à suivre :

1. **Connaître son public cible** : avant de créer du contenu, il est important de connaître les attentes et les besoins de son public cible pour adapter le contenu en conséquence.

2. **Utiliser des visuels attrayants** : les images et les vidéos sont plus engageantes que le texte seul. Utilisez des images de

qualité et des vidéos courtes et percutantes pour attirer l'attention de votre audience.

3. **Raconter des histoires** : utilisez le storytelling pour raconter des histoires qui captivent l'attention de votre audience. Les histoires doivent être en lien avec les valeurs et la mission de votre marque.

4. **Utiliser des hashtags pertinents** : les hashtags permettent d'élargir la portée de votre contenu et de toucher une audience plus large. Utilisez des hashtags pertinents en lien avec votre contenu et votre secteur d'activité.

5. **Interagir avec son audience** : les médias sociaux permettent une interaction directe avec son audience. Répondez aux commentaires et aux messages privés pour créer une relation de confiance avec votre audience.

6. **Varier les formats de contenu** : les médias sociaux offrent une grande variété de formats de contenu. Utilisez différents formats (images, vidéos, infographies, carrousels...) pour diversifier votre contenu et atteindre une audience plus large.

En suivant ces astuces, vous pouvez créer du contenu engageant et adapté aux médias sociaux, renforcer votre storytelling et construire une communauté autour de votre marque.

3. Construire et entretenir une communauté autour de votre histoire

Les stratégies pour créer un lien émotionnel avec votre audience sur les médias sociaux

Les médias sociaux sont un excellent moyen pour les marques de raconter leur histoire et de créer une communauté engagée autour de leur mission et de leurs valeurs. Cependant, pour réussir à créer un lien émotionnel avec son audience, il est important d'utiliser des stratégies efficaces.

La première stratégie est de mettre en avant des témoignages et des histoires personnelles de clients ou d'utilisateurs de la marque. Cela permet de montrer que la marque est authentique et qu'elle se soucie de ses clients. Les témoignages peuvent être partagés sous forme de vidéos, de photos, ou même de posts sur les réseaux sociaux.

La deuxième stratégie consiste à utiliser des événements ou des initiatives pour engager votre communauté. Par exemple, la marque peut organiser un concours ou un défi pour encourager les utilisateurs à partager leur expérience avec la marque, ou encore créer des événements physiques pour permettre à la communauté de se rencontrer et d'échanger.

La troisième stratégie est d'utiliser les réseaux sociaux pour diffuser des messages forts en lien avec la mission et les valeurs de la marque. Cela peut se faire à travers des posts sur les réseaux sociaux, des vidéos, des infographies ou encore des podcasts. Il est important que le contenu soit visuellement attractif et facile à consommer pour capter l'attention de l'audience.

Enfin, pour encourager la participation et le partage de votre histoire, il est essentiel d'interagir avec votre communauté. Cela peut se faire à travers des réponses aux commentaires, des partages de posts d'utilisateurs, ou encore en créant des hashtags pour permettre à votre communauté de participer à une conversation autour de la marque. Il est également important de remercier et de valoriser les membres de la communauté pour leur engagement.

Pour construire et entretenir une communauté engagée autour de votre histoire sur les médias sociaux, il est essentiel de mettre en avant des témoignages et des histoires personnelles, d'utiliser des événements ou des initiatives pour engager votre communauté, de diffuser des messages forts en lien avec la mission et les valeurs de la marque et d'interagir avec votre communauté.

Partie 3 :

Maîtriser l'art du storytelling

Chapitre 8 :

Trouver l'histoire qui fait mouche : techniques de brainstorming et d'idéation

Dans ce chapitre, je présente différentes techniques pour trouver l'histoire qui fait mouche auprès de votre audience. Je couvre les étapes pour comprendre votre audience, générer des idées grâce au brainstorming, utiliser les archétypes et les thèmes universels, et puiser dans les ressources existantes pour nourrir votre créativité. Enfin, je donne des conseils pour choisir et peaufiner l'histoire qui correspond le mieux à vos objectifs.

1. Comprendre votre audience et leurs besoins

Comment identifier les problèmes et les attentes de votre audience

Pour trouver l'histoire qui va toucher votre audience, il est essentiel de comprendre les problèmes et les attentes de votre public. En effet, pour créer un lien émotionnel avec votre audience, il est important de montrer que vous comprenez ses besoins et ses préoccupations.

Pour identifier les problèmes et les attentes de votre audience, il est important de mener des recherches approfondies sur votre marché et votre public cible. Vous pouvez utiliser différentes techniques pour y parvenir.

L'analyse des données démographiques

Cette méthode consiste à analyser les caractéristiques de votre public cible, telles que l'âge, le sexe, le lieu de résidence, la profession, etc. Ces informations peuvent vous aider à mieux comprendre les besoins et les attentes de votre audience.

Les enquêtes et les sondages

Vous pouvez utiliser des enquêtes et des sondages pour recueillir directement les opinions et les attentes de votre audience. Les enquêtes peuvent être menées en ligne ou hors ligne, et vous pouvez offrir une récompense ou un cadeau pour encourager les participants.

L'analyse des conversations sur les réseaux sociaux

Les réseaux sociaux sont une source précieuse d'informations sur les préférences et les attentes de votre audience. Vous pouvez utiliser des outils d'analyse pour surveiller les conversations sur les réseaux sociaux et comprendre les tendances et les problèmes qui préoccupent votre public cible.

Une fois que vous avez identifié les problèmes et les attentes de votre audience, vous pouvez utiliser cette information pour créer des histoires qui répondent à leurs besoins. Par exemple, si votre public cible est préoccupé par les problèmes environnementaux, vous pouvez créer une histoire qui met en valeur les initiatives durables de votre entreprise. Si votre public cible est préoccupé par les problèmes de santé, vous pouvez créer une histoire qui montre comment votre produit ou service peut améliorer leur santé.

Pour trouver l'histoire qui va toucher votre audience, il est important de comprendre les problèmes et les attentes de votre public cible. En utilisant différentes techniques de recherche, vous pouvez identifier les tendances et les préoccupations de votre audience, et créer des histoires qui répondent à leurs besoins.

2. Le brainstorming : libérer votre créativité pour générer des idées

Les techniques de brainstorming efficaces pour stimuler l'imagination

Le brainstorming est une technique de créativité souvent utilisée pour générer des idées originales et innovantes. Voici quelques techniques efficaces pour stimuler l'imagination lors d'une séance de brainstorming :

1. **La méthode du remue-méninges** : C'est la méthode la plus classique et la plus connue de brainstorming. Elle consiste à regrouper les membres de l'équipe et à les inviter à échanger des idées sur un thème donné. Tout le monde peut suggérer des idées, qui sont notées au fur et à mesure sur un tableau ou un paperboard. L'objectif est de susciter des associations d'idées et des rebonds créatifs.

2. **La méthode SCAMPER** : Cette méthode consiste à explorer toutes les possibilités de modification ou d'amélioration d'un produit ou d'un service en se posant une série de questions. SCAMPER est un acronyme qui signifie : Substitute (Substituer), Combine (Combiner), Adapt (Adapter), Modify

(Modifier), Put to another use (Utiliser autrement), Eliminate (Eliminer) et Reverse (Inverser). Cette technique permet d'explorer toutes les pistes possibles et de stimuler la créativité.

3. **La méthode des 6 chapeaux** : Cette méthode a été développée par Edward de Bono pour favoriser la réflexion créative en groupe. Elle consiste à se mettre successivement dans la peau de six personnages différents, représentés par des chapeaux de couleurs différentes : le chapeau blanc pour la neutralité et l'objectivité, le chapeau rouge pour les émotions et les sentiments, le chapeau noir pour la critique et l'analyse, le chapeau jaune pour la positivité et l'optimisme, le chapeau vert pour la créativité et l'innovation, et le chapeau bleu pour la synthèse et la planification.

4. **La méthode de la carte mentale** : Cette méthode consiste à organiser ses idées sous forme de schéma, en partant d'un mot-clé central. On relie ensuite les idées entre elles en utilisant des branches, des couleurs et des images. Cette méthode permet de visualiser les connexions entre les idées et de stimuler la créativité.

5. **La méthode du jeu de rôle** : Cette méthode consiste à se mettre dans la peau d'un personnage ou d'un utilisateur pour imaginer des scénarios et des situations. On peut également utiliser des accessoires, des costumes ou des décorations pour stimuler l'imagination. Cette méthode permet de se projeter dans des situations concrètes et de trouver des solutions originales.

En utilisant ces techniques de brainstorming, vous pouvez libérer votre créativité et générer des idées originales et innovantes pour votre storytelling. N'oubliez pas que l'important est de favoriser l'éclosion des idées, sans chercher à les juger ni à les filtrer.

Les astuces pour organiser et évaluer les idées issues du brainstorming

Après avoir généré un grand nombre d'idées lors d'une séance de brainstorming, il est important de les organiser et de les évaluer pour trouver celles qui conviennent le mieux à votre histoire. Voici quelques astuces pour y parvenir :

- **Regrouper les idées par thèmes** : regroupez les idées qui ont des similitudes et des connexions afin de créer des thèmes plus larges. Cela vous permettra de mieux comprendre les concepts clés et de trouver des idées qui s'alignent avec votre message.

- **Éliminer les idées inutiles** : passez en revue toutes les idées et éliminez celles qui ne sont pas pertinentes ou réalisables. Cela vous aidera à vous concentrer sur les idées qui ont le plus de potentiel pour réussir.

- **Prioriser les idées restantes** : une fois que vous avez éliminé les idées qui ne sont pas pertinentes, vous pouvez commencer à évaluer les idées restantes en fonction de leur faisabilité, de leur pertinence et de leur potentiel de réussite. Déterminez lesquelles sont les plus importantes pour votre histoire et classez-les par ordre de priorité.

- **Affiner les idées sélectionnées** : travaillez sur les idées sélectionnées en détail en y ajoutant des éléments spécifiques pour les rendre plus concrètes. Essayez de trouver des exemples concrets et des détails qui aideront à donner vie à vos idées.

- **Testez les idées** : avant de finaliser votre histoire, testez vos idées auprès de votre public cible. Cela vous permettra de voir comment ils réagissent et de recevoir des commentaires qui vous aideront à améliorer votre histoire.

En suivant ces astuces, vous serez en mesure d'organiser efficacement les idées issues de votre séance de brainstorming et de trouver les meilleures idées pour votre histoire.

3. La recherche et l'inspiration : puiser dans les ressources existantes

Comment s'inspirer des histoires et des campagnes réussies pour nourrir votre créativité

Pour trouver l'inspiration et nourrir votre créativité dans votre quête de trouver l'histoire parfaite, il peut être très utile de regarder les histoires et les campagnes qui ont réussi dans le passé. La recherche et l'analyse de ces histoires peuvent vous aider à comprendre ce qui a fonctionné et ce qui n'a pas fonctionné pour d'autres marques.

Il existe plusieurs façons de s'inspirer des campagnes réussies pour votre propre storytelling. Tout d'abord, vous pouvez étudier les histoires de votre propre secteur ou de marques similaires à la vôtre. Cela vous permettra de comprendre comment votre audience cible répond aux différents types de narration et de campagnes publicitaires.

Ensuite, vous pouvez regarder les campagnes de marques reconnues pour leur storytelling réussi, comme Nike, Coca-Cola ou Patagonia, pour ne citer que quelques exemples. Vous pouvez étudier leurs campagnes pour comprendre comment elles ont utilisé le storytelling pour créer un lien émotionnel avec leur public cible.

Une autre méthode est de regarder les campagnes publicitaires primées pour leur créativité et leur impact. Les prix comme les Cannes Lions ou les Effies peuvent être une source d'inspiration pour les histoires qui ont réussi.

Enfin, il peut être utile de chercher de l'inspiration en dehors de votre secteur. Parfois, les idées les plus innovantes et les plus créatives viennent d'autres industries. Par exemple, une campagne publicitaire d'une entreprise technologique peut s'inspirer d'une campagne réussie d'une entreprise de cosmétiques.

En étudiant ces histoires et ces campagnes, vous pouvez comprendre comment le storytelling a été utilisé pour créer une connexion émotionnelle avec le public et comment il a été adapté à différentes plateformes de médias sociaux. Cela vous donnera également une idée des types de narration et de campagnes publicitaires qui peuvent fonctionner pour votre entreprise.

Cependant, il est important de ne pas copier ou imiter directement ces histoires. Vous devez toujours être authentique et trouver votre propre voix en utilisant les enseignements que vous tirez de ces histoires pour guider votre propre créativité.

5. Choisir et peaufiner votre histoire

Les étapes pour affiner et perfectionner votre histoire avant de la raconter

Après avoir élaboré une histoire convaincante, la prochaine étape est de la perfectionner avant de la présenter à votre audience. La première chose à faire est de se poser des questions critiques sur l'histoire. Demandez-vous si elle est cohérente, si elle est engageante et si elle est convaincante. Vous devez également vous assurer que votre histoire est alignée avec les valeurs de votre marque et qu'elle correspond à la personnalité de votre entreprise.

Ensuite, vous devriez considérer la façon dont vous allez présenter votre histoire. En fonction de votre public cible et de votre objectif de communication, vous devez déterminer le format qui convient le mieux. Par exemple, une histoire visuelle peut fonctionner mieux pour les médias sociaux, tandis qu'une histoire plus complexe peut être plus adaptée à une présentation en direct ou à un contenu plus long.

Une fois que vous avez choisi votre format, vous devez travailler sur les détails de l'histoire. Assurez-vous que votre histoire est bien structurée, avec une introduction captivante, un développement intéressant et une conclusion forte. Utilisez des éléments de suspense pour maintenir l'intérêt de votre public et assurez-vous que votre histoire a une résolution satisfaisante.

Vous devez considérer les réactions potentielles de votre public. Anticipez les questions, les objections ou les préoccupations que votre public pourrait avoir et préparez des réponses adaptées. Il est également important d'être prêt à ajuster votre histoire en fonction des réactions de votre public et des commentaires que vous recevez.

Pour affiner et perfectionner votre histoire, vous devez vous assurer qu'elle est cohérente, engageante et convaincante, qu'elle est alignée avec les valeurs de votre marque et qu'elle correspond à la personnalité de votre entreprise. Vous devez également choisir le format qui convient le mieux à votre public cible et travailler sur les détails de l'histoire, en utilisant des éléments de suspense et en assurant une résolution satisfaisante. Enfin, vous devez anticiper les réactions de votre public et être prêt à ajuster votre histoire en conséquence.

Chapitre 9 :

Les grands maîtres du storytelling : comment s'inspirer de leurs histoires ?

Les grands storytellers sont des personnes qui sont capables de raconter des histoires captivantes et inspirantes dans différents domaines, que ce soit la littérature, le cinéma, la publicité, l'entrepreneuriat ou la politique. Leur talent de conteur leur permet de susciter des émotions chez leur public et de le mobiliser autour d'une cause, d'une idée ou d'un produit.

1. David Ogilvy - Ogilvy & Mather

Son histoire

David Ogilvy est l'un des plus grands maîtres du marketing et du storytelling du XXe siècle. Il est né en 1911 en Angleterre et a commencé sa carrière en tant que cuisinier dans l'armée britannique. Après avoir travaillé dans différentes entreprises, notamment dans la vente de poêles en fonte et la fabrication de biscuits, il s'installe à New York en

1948 pour lancer sa propre agence de publicité,
Ogilvy & Mather.

Ogilvy a rapidement connu le succès en tant
qu'expert en publicité et en marketing, et est devenu
célèbre pour ses campagnes publicitaires innovantes
et créatives pour des marques telles que Rolls Royce,
Shell, et Dove. Il est également connu pour avoir
popularisé l'utilisation de la recherche de marché
dans le développement de campagnes publicitaires.

Au-delà de son travail en publicité, Ogilvy était un
écrivain prolifique et a publié plusieurs livres, dont
"Confessions of an Advertising Man" et "Ogilvy on
Advertising", qui sont encore considérés comme des
classiques du marketing et de la publicité
aujourd'hui. Il est décédé en 1999, mais son héritage
et son influence sur le monde de la publicité et du
storytelling sont toujours palpables.

Ses campagnes connus et ce qu'il apporte au storytelling

Parmi les campagnes les plus connues d'Ogilvy,
on peut citer la campagne Dove "Real Beauty", la
campagne Rolls Royce "Atmosphere", la campagne
Schweppes "Schhh... You Know Who", la campagne
Hathaway "Man in the Hathaway Shirt", et la
campagne pour la marque de porcelaine Lenox. Dans
chacune de ces campagnes, Ogilvy a utilisé des

techniques de storytelling efficaces pour captiver l'attention du public.

Sa campagne Dove "Real Beauty"

Ogilvy a mis en avant l'importance de la beauté naturelle, en présentant des femmes de différentes formes et tailles dans leurs publicités. Cette campagne a été un succès retentissant, car elle a permis aux femmes de s'identifier aux modèles présentés et de se sentir valorisées, ce qui a suscité une forte adhésion auprès du public féminin.

Sa la campagne Rolls Royce "Atmosphere"

Ogilvy a créé une narration de marque unique en présentant les voitures Rolls Royce comme des œuvres d'art, en mettant en avant leur élégance et leur beauté intemporelle. Cette campagne a permis à la marque de se positionner comme un symbole de prestige et de luxe, en créant une image forte et positive dans l'esprit des consommateurs.

Sa campagne Schweppes "Schhh... You Know Who"

Cette campagne a également été une réussite grâce à la création d'un personnage publicitaire emblématique. Le personnage "Schhh" a été conçu pour représenter la qualité unique de la marque, en créant une image forte et mémorable pour les consommateurs.

Sa campagne Hathaway "Man in the Hathaway Shirt"

Cela a été un succès grâce à la création d'un personnage publicitaire mystérieux et sophistiqué. La campagne a présenté un homme portant une chemise Hathaway, en le présentant comme un symbole de raffinement et de sophistication. Cette campagne a permis à la marque de se positionner comme une marque haut de gamme et sophistiquée, en créant un storytelling unique et efficace.

En termes de contributions à l'art du storytelling, David Ogilvy est reconnu pour son approche scientifique et rigoureuse de la publicité. Il a appliqué des techniques de recherche de marché pour mieux comprendre les besoins et les attentes des consommateurs, et a utilisé cette compréhension pour créer des campagnes publicitaires efficaces et ciblées. Il a également souligné l'importance de la créativité et de l'émotion dans le storytelling, en créant des publicités qui ont touché les consommateurs sur un niveau personnel et émotionnel.

En fin de compte, David Ogilvy est un grand maître du storytelling en raison de sa capacité à créer des campagnes publicitaires mémorables

2. Seth Godin - Yoyodyne Entertainment

Son histoire

Seth Godin est un auteur, blogueur et conférencier américain qui s'est fait connaître dans le monde du marketing et des affaires en proposant des idées innovantes et en poussant les limites de la créativité. Né en 1960 à Mount Vernon, New York, Godin a étudié l'informatique et la philosophie à l'Université Tufts avant de poursuivre ses études à la Stanford Graduate School of Business.

Après avoir travaillé dans plusieurs entreprises, notamment chez Spinnaker Software, Seth Godin a fondé Yoyodyne Entertainment en 1995. L'entreprise a été l'une des premières à utiliser le marketing de permission, une technique qui consiste à obtenir le consentement des consommateurs avant de leur envoyer des publicités personnalisées. Yoyodyne Entertainment a ainsi aidé de nombreuses entreprises à développer des campagnes de marketing innovantes et efficaces.

En 1999, Yoyodyne Entertainment a été vendue à Yahoo! et Seth Godin a travaillé pour la société pendant un certain temps. Il a ensuite quitté Yahoo! pour se consacrer à l'écriture de livres et à la tenue de conférences sur le marketing et l'entrepreneuriat.

Seth Godin est l'auteur de plusieurs best-sellers du New York Times, notamment "Permission Marketing", "Purple Cow", "The Dip" et "Tribes". Dans ces livres, il encourage les entrepreneurs et les marketeurs à sortir des sentiers battus et à adopter des stratégies de marketing innovantes et créatives. Ses livres ont influencé de nombreux professionnels du marketing et des affaires, et ont été traduits dans plusieurs langues.

Seth Godin est également un conférencier populaire qui a prononcé des discours inspirants dans de nombreuses conférences et événements. Ses présentations sont connues pour être énergiques et motivantes, et il utilise souvent des exemples concrets pour illustrer ses idées.

Au-delà de sa réussite professionnelle, Seth Godin est également connu pour son engagement philanthropique. Il a fondé la The Domino Project, une initiative visant à aider les auteurs à publier leurs livres de manière indépendante, ainsi que l'Acumen Fund, une organisation à but non lucratif qui vise à résoudre les problèmes de pauvreté dans le monde.

Son histoire est celle d'un innovateur qui a réussi à repenser le marketing et à encourager les professionnels à adopter des stratégies créatives et audacieuses. Sa carrière est une source d'inspiration pour tous ceux qui cherchent à changer le monde des affaires et à faire une différence dans leur domaine.

Ses campagnes connus et ce qu'il apporte au storytelling

Godin a contribué de manière significative à la popularisation du concept de « permission marketing ». Selon Godin, le « permission marketing » implique d'obtenir le consentement des consommateurs pour communiquer avec eux, plutôt que de les bombarder de publicités non sollicitées. Il soutient que les entreprises doivent offrir aux consommateurs des incitations pour obtenir leur permission, telles que des contenus pertinents et des offres exclusives.

Godin a contribué à populariser le concept de tribus. Selon lui, les tribus sont des groupes de personnes qui partagent des valeurs et des intérêts communs, et qui peuvent être rassemblées autour d'une marque ou d'une idée. Il soutient que les entreprises doivent créer des tribus pour fidéliser leur clientèle et générer de l'engagement.

En ce qui concerne les campagnes connues de Godin, l'une de ses plus célèbres est la campagne pour la chaussure de course Asics Gel-Kayano. Cette campagne a été créée en collaboration avec l'agence Publicis et impliquait la création d'un site web interactif qui permettait aux utilisateurs de personnaliser leur propre paire de chaussures Gel-Kayano. La campagne a remporté plusieurs prix, dont un Lion d'Or à Cannes.

Godin est également connu pour sa campagne pour le lancement de la voiture décapotable Nissan Coupé. La campagne comprenait une série de spots publicitaires qui mettaient en scène des personnes qui "vivent la vie en grand" en conduisant une Nissan Coupé décapotable. La campagne a remporté un Effie Award, qui récompense l'efficacité de la publicité.

Seth Godin est un grand maître du storytelling qui a popularisé des concepts tels que le permission marketing et les tribus. Il est connu pour ses campagnes créatives et efficaces, qui ont contribué à faire évoluer le domaine du marketing. Sa contribution à l'industrie de la publicité et du marketing continuera d'être étudiée et utilisée comme source d'inspiration pour les générations futures.

3. Leo Burnett - Leo Burnett Worldwide

Son histoire

Leo Burnett est né en 1891 dans l'Illinois aux États-Unis. Après des études en journalisme et en publicité, il a travaillé dans différentes agences avant de fonder sa propre agence de publicité, Leo Burnett Company, en 1935 à Chicago. Leo Burnett est connu pour sa créativité et son approche unique du marketing. Il était convaincu que les publicités devaient raconter une histoire et créer une émotion chez le spectateur pour être efficaces.

Au cours de sa carrière, Leo Burnett a créé des campagnes publicitaires emblématiques pour des marques telles que Kellogg's, Coca-Cola, McDonald's, Marlboro, ou encore Procter & Gamble. Sa philosophie était de « se concentrer sur les gens », ce qui signifie qu'il cherchait à comprendre les besoins, les désirs et les comportements des consommateurs pour créer des publicités qui les touchent et les inspirent.

Leo Burnett est décédé en 1971, mais son agence continue de prospérer et est aujourd'hui l'une des plus grandes agences de publicité du monde. Sa philosophie et son approche du storytelling continuent d'inspirer les marketeurs du monde entier.

Ses campagnes connus et ce qu'il apporte au storytelling

Parmi les campagnes les plus connues de Leo Burnett, on peut citer :

- **Marlboro** : Burnett a transformé Marlboro de la marque de cigarettes pour femmes en une marque de cigarettes pour hommes en utilisant le personnage de cow-boy comme symbole de la virilité. La campagne "Marlboro Man" a été un énorme succès et est devenue emblématique de la culture pop américaine.

- **Tony the Tiger** : Burnett a créé le personnage de Tony the Tiger pour promouvoir les céréales pour enfants Frosted Flakes. Avec son slogan "They're Great!", Tony est devenu l'un des personnages publicitaires les plus reconnaissables de tous les temps.

- **Jolly Green Giant** : Burnett a également créé le personnage du Jolly Green Giant (Géant Vert) pour promouvoir les légumes en conserve. Le géant souriant est rapidement devenu un personnage familier pour les consommateurs et est toujours utilisé dans les publicités de la marque.

Leo Burnett a apporté de nombreuses contributions au monde du storytelling en publicité. Il a encouragé les publicitaires à se concentrer sur les émotions et les valeurs des consommateurs plutôt que sur les caractéristiques des produits eux-mêmes. Il a également été un précurseur de la publicité créative en encourageant ses équipes à penser en dehors de la boîte et à trouver des moyens novateurs de raconter des histoires pour vendre des produits.

Il a eu un impact considérable sur le monde de la publicité et du storytelling. Ses campagnes créatives et émotionnelles ont inspiré de nombreuses générations de publicitaires et ont contribué à façonner la manière dont nous racontons des histoires pour vendre des produits.

4. Bill Bernbach - DDB Worldwide

Son histoire

Bill Bernbach était un publicitaire américain né en 1911. Il a commencé sa carrière dans une petite agence de publicité et a fini par fonder sa propre agence, Doyle Dane Bernbach (DDB), en 1949.

Bernbach est considéré comme l'un des pionniers de la publicité moderne et a eu une influence majeure sur l'industrie de la publicité telle que nous la connaissons aujourd'hui. Son approche créative de la publicité a contribué à façonner l'industrie et à élever le niveau de qualité des publicités. Bernbach est décédé en 1982, mais son impact sur l'industrie de la publicité est encore perceptible aujourd'hui.

Ses campagnes connus et ce qu'il apporte au storytelling

Bill Bernbach est un publicitaire et directeur créatif américain qui a contribué à façonner l'industrie de la publicité moderne. Il est surtout connu pour sa contribution à la création de l'agence publicitaire Doyle Dane Bernbach (DDB), où il a mis l'accent sur la créativité et l'innovation, en rupture avec les pratiques de l'époque.

L'une des campagnes publicitaires les plus connues de DDB est sans doute celle pour Volkswagen, intitulée "Think Small" en 1959. Cette campagne a été élaborée en réponse à une demande de Volkswagen de conquérir le marché américain alors que les voitures américaines étaient plus grandes et plus puissantes. Bernbach a choisi de prendre le contrepied des publicités de l'époque en utilisant un format minimaliste avec des illustrations simples, de petites images et un texte accrocheur.

Cette campagne a été un succès retentissant et a permis à Volkswagen de conquérir le marché américain.

Bernbach a également été l'un des premiers à utiliser l'humour dans la publicité, comme en témoigne sa célèbre campagne pour la marque Avis intitulée "We Try Harder". Cette campagne a été lancée en 1962 pour rivaliser avec la marque Hertz, leader du marché de la location de voitures. Au lieu de prétendre être le numéro un, la campagne de DDB a choisi de mettre en avant les efforts supplémentaires que fait Avis pour offrir un meilleur service à ses clients. L'utilisation de l'humour a permis de transmettre le message de manière légère et mémorable, et la campagne a permis à Avis de doubler son chiffre d'affaires en trois ans.

Enfin, Bernbach a également été un pionnier dans l'utilisation des témoignages de clients dans les publicités, une technique désormais courante dans la publicité moderne. L'une des campagnes les plus célèbres de DDB dans ce domaine est celle pour la marque de vêtements de sport Champion, intitulée "You Gotta Sweat". Cette campagne a utilisé des témoignages de sportifs célèbres pour illustrer les avantages des vêtements de sport Champion, avec des messages simples et percutants tels que "Si vous ne transpirez pas, vous ne gagnez pas".

Ce que Bill Bernbach apporte au storytelling, c'est avant tout une vision créative et innovante de la publicité, en rupture avec les pratiques conventionnelles de l'époque. Sa capacité à prendre des risques et à utiliser des techniques inédites a permis à DDB de se démarquer et de créer des campagnes publicitaires mémorables et efficaces. Bernbach a également mis l'accent sur l'importance de la compréhension de la psychologie humaine dans la création de publicités efficaces, en comprenant les besoins et les motivations de l'audience cible. Enfin, Bernbach a montré l'importance d'utiliser des témoignages, de l'humour et des messages simples et directs pour raconter une histoire de manière convaincante.

5. L'importance de ces hommes pour le storytelling

Ces quatre hommes ont marqué l'histoire de la publicité et ont chacun apporté une contribution significative au monde du storytelling.

David Ogilvy a été l'un des premiers à utiliser la recherche et la compréhension des consommateurs pour développer des campagnes publicitaires efficaces. Il a également mis l'accent sur l'utilisation d'histoires pour vendre des produits et a popularisé des techniques telles que l'utilisation de témoignages de clients satisfaits pour promouvoir les marques. Son influence sur le monde de la publicité a été considérable, et ses méthodes continuent d'être étudiées et utilisées aujourd'hui.

Seth Godin, quant à lui, a apporté une vision innovante au storytelling. Il a souligné l'importance de la connexion émotionnelle avec le public et a encouragé les marques à raconter des histoires qui suscitent l'intérêt et l'engagement. Ses campagnes publicitaires sont souvent centrées sur des idées et des concepts plutôt que sur des produits spécifiques, ce qui a changé la façon dont les marques communiquent avec leur public.

Leo Burnett a été un pionnier dans l'utilisation de personnages fictifs pour promouvoir des produits, créant des personnages tels que Tony le Tigre pour Kellogg's et le bûcheron emblématique de Marlboro. Il a également encouragé l'utilisation de la musique et de l'humour pour raconter des histoires qui suscitent une réponse émotionnelle chez le public. Son influence sur l'industrie publicitaire est encore évidente aujourd'hui, et son approche créative continue d'inspirer de nombreux professionnels du marketing et du storytelling.

Enfin, Bill Bernbach a révolutionné l'industrie publicitaire en mettant l'accent sur la créativité et la qualité du message plutôt que sur la quantité de publicités diffusées. Il a encouragé l'utilisation de la narration et de l'humour pour attirer l'attention des consommateurs et a prôné une approche plus authentique et plus humaine de la publicité. Son approche a influencé de nombreux publicitaires et marketeurs à travers les décennies et continue d'inspirer de nombreuses campagnes publicitaires réussies.

Ces quatre grands storytellers ont contribué de manière significative à l'histoire du marketing et ont influencé la façon dont les marques racontent des histoires et communiquent avec leur public. Leur héritage se poursuit encore aujourd'hui et peut servir d'inspiration aux professionnels du marketing qui cherchent à maîtriser l'art du storytelling.

Chapitre 10 :

Mesurer l'impact de votre storytelling : indicateurs de performance et retours sur investissement

Dans ce chapitre, j'aborde l'importance de mesurer l'impact de votre storytelling à l'aide d'indicateurs clés de performance (KPI) et d'évaluer le retour sur investissement (ROI). Je présente des conseils pour sélectionner les KPIs pertinents, analyser et interpréter les données, et évaluer le ROI de votre storytelling.

1. Comprendre les indicateurs clés de performance (KPI) pour le storytelling

Les différents KPIs pertinents pour évaluer l'efficacité de votre storytelling

Lorsqu'on utilise le storytelling dans une stratégie de marketing, il est important de mesurer l'efficacité de cette technique pour pouvoir ajuster et améliorer notre approche. Pour cela, il existe plusieurs indicateurs clés de performance (KPIs) à prendre en compte.

Tout d'abord, le taux d'engagement est un KPI important à considérer. Il mesure l'interaction des utilisateurs avec votre contenu, que ce soit à travers des commentaires, des partages ou des mentions j'aime. Un taux d'engagement élevé indique que votre audience apprécie votre histoire et est impliquée dans votre message.

Ensuite, le nombre de vues est également un KPI important. Il permet de mesurer la portée de votre histoire et la visibilité de votre contenu. Cependant, il est important de prendre en compte la qualité des vues. Par exemple, si votre histoire est vue par un grand nombre de personnes, mais seulement pendant quelques secondes, cela n'aura pas le même impact qu'une visualisation complète.

Le taux de conversion est également un KPI à considérer. Il mesure le nombre d'utilisateurs qui ont effectué une action souhaitée après avoir vu votre histoire, comme l'achat d'un produit ou l'inscription à une newsletter. Cela permet de mesurer l'efficacité de votre histoire en tant qu'outil de conversion.

Le temps passé sur le contenu est également important. Cela mesure combien de temps les utilisateurs ont passé à regarder ou à interagir avec votre histoire. Un temps passé plus long indique que votre histoire est intéressante et engageante.

Enfin, l'analyse des sentiments est un KPI intéressant à prendre en compte. Cela permet de mesurer les réactions émotionnelles des utilisateurs à votre histoire. Par exemple, si votre histoire suscite des réactions positives et émotionnelles, cela peut aider à renforcer la connexion avec votre audience et à améliorer votre image de marque.

Il est important de mesurer l'efficacité de votre storytelling en utilisant une combinaison de KPIs pertinents. Cela permet de comprendre comment votre audience interagit avec votre histoire et d'ajuster votre approche en conséquence pour améliorer votre performance.

2. Analyser et interpréter les données pour mesurer l'impact de votre histoire

Comment interpréter les résultats pour ajuster et améliorer votre histoire

Une fois que vous avez collecté les données relatives à l'impact de votre histoire, il est essentiel de les interpréter correctement afin de pouvoir ajuster et améliorer votre stratégie de storytelling. Voici quelques conseils pour vous aider à comprendre et interpréter les résultats :

- **Analysez les tendances** : commencez par regarder les tendances générales de vos données sur une période de temps donnée. Par exemple, si vous avez collecté des données sur une campagne de marketing de trois mois, examinez les tendances sur les trois mois plutôt que de se concentrer sur les données quotidiennes. Cela vous permettra de voir les fluctuations globales et de comprendre les schémas de comportement de votre audience.

- **Identifiez les points forts et les points faibles** : en examinant vos résultats, identifiez les points forts et les points faibles de votre histoire. Cela peut inclure les campagnes les plus réussies, les messages les plus populaires, les canaux les plus performants, les publics les plus engagés, etc. En identifiant les points forts et les points faibles, vous pourrez ajuster votre stratégie de storytelling pour maximiser l'impact et minimiser les faiblesses.

- **Comparez avec les objectifs** : comparez vos résultats avec les objectifs que vous avez fixés pour votre stratégie de storytelling. Si vous avez atteint ou dépassé vos objectifs, examinez les facteurs qui ont contribué à ce succès et comment vous pouvez les reproduire à l'avenir. Si vous n'avez pas atteint vos objectifs, examinez les raisons possibles et comment vous pouvez ajuster votre stratégie de storytelling pour atteindre vos objectifs.

- **Utilisez les commentaires et les retours** : ne vous fiez pas uniquement aux chiffres pour évaluer l'impact de votre histoire. Les commentaires et les retours de votre audience sont également précieux pour comprendre leur ressenti et leur perception de votre histoire. Utilisez ces commentaires pour ajuster votre stratégie de storytelling et améliorer votre histoire.

- **Soyez prêt à ajuster** : enfin, soyez prêt à ajuster votre stratégie de storytelling en fonction des résultats et des commentaires. Il est important de ne pas rester figé dans une stratégie qui ne fonctionne pas ou qui peut être améliorée. Soyez flexible et prêt à apporter des changements pour maximiser l'impact de votre histoire.

L'analyse des données est essentielle pour mesurer l'impact de votre histoire. En interprétant correctement les résultats, vous pouvez ajuster et améliorer votre stratégie de storytelling pour maximiser l'impact et atteindre vos objectifs.

3. Évaluer le retour sur investissement (ROI) de votre storytelling

Les méthodes pour quantifier les bénéfices de votre storytelling en termes financiers ou autres

Pour évaluer le retour sur investissement (ROI) de votre storytelling, vous devez quantifier les bénéfices générés par votre histoire en termes financiers ou autres. Voici quelques méthodes pour y parvenir :

1. **Le suivi des ventes** : Si votre histoire a contribué à augmenter vos ventes, vous pouvez facilement quantifier le retour sur investissement en comparant les ventes avant et après la mise en place de votre histoire.

2. **L'analyse du trafic sur votre site web** : Si votre histoire a suscité l'intérêt de votre public et a généré du trafic sur votre site web, vous pouvez utiliser des outils d'analyse web

pour quantifier le retour sur investissement. Par exemple, vous pouvez évaluer le nombre de visiteurs uniques sur votre site web, le temps passé sur le site, le taux de rebond, etc.

3. **Les enquêtes de satisfaction client** : Si votre histoire a eu un impact positif sur l'image de votre entreprise et sur la satisfaction de vos clients, vous pouvez utiliser des enquêtes de satisfaction pour quantifier le retour sur investissement. Par exemple, vous pouvez évaluer le taux de satisfaction global, le taux de recommandation, etc.

4. **L'analyse des médias sociaux** : Si votre histoire a été partagée et a généré de l'engagement sur les réseaux sociaux, vous pouvez utiliser des outils d'analyse des médias sociaux pour quantifier le retour sur investissement. Par exemple, vous pouvez évaluer le nombre de partages, de commentaires, de mentions, etc.

Le retour sur investissement peut être quantifié de différentes manières en fonction des objectifs de votre histoire et de votre entreprise.

Il est donc important de définir vos objectifs dès le départ et de choisir les KPIs et les méthodes d'évaluation les plus pertinents pour mesurer l'efficacité de votre histoire.

Comment déterminer si votre histoire a généré un retour sur investissement positif

Prenez en compte le coût total de la création et de la mise en œuvre de l'histoire, y compris le temps et les ressources investis. En comparant ces coûts avec les résultats financiers ou autres mesures de réussite, vous pouvez déterminer si votre histoire a été rentable ou non.

Notez que le retour sur investissement peut être difficile à mesurer en ce qui concerne le storytelling, car il peut s'agir d'un processus à long terme et les résultats peuvent être indirects ou intangibles.

Par exemple, une campagne de storytelling réussie peut améliorer la notoriété de la marque à long terme, même si elle ne génère pas immédiatement de ventes.

Il est donc important de considérer les effets à long terme de votre histoire sur votre marque et vos relations avec les clients.

En fin de compte, le retour sur investissement doit être évalué en fonction des objectifs spécifiques de votre histoire et de votre entreprise. Il est important de définir ces objectifs dès le départ et de suivre les mesures appropriées pour déterminer si votre histoire a été un succès sur tous les fronts.

Chapitre 11 :

Les erreurs courantes en storytelling et comment les éviter

Dans ce chapitre, je traite des erreurs courantes que les personnes commettent en matière de storytelling et des conseils pour les éviter. Je couvre les pièges liés au manque de clarté, à la création de personnages plats, à l'utilisation de jargon ou d'informations complexes, et à l'ignorance des besoins de l'audience. En partageant ces conseils, je souhaite vous aider à surmonter ces obstacles pour créer des histoires engageantes et percutantes.

1. Manque de clarté et de cohérence

Les pièges liés à une histoire mal structurée ou incohérente

Une histoire mal structurée ou incohérente peut nuire grandement à son impact et sa compréhension auprès de l'audience. Voici quelques-uns des pièges les plus courants à éviter :

1. **Manque de structure narrative** : sans une structure narrative claire, votre histoire risque de sembler désorganisée et difficile à suivre pour l'audience. Il est important de bien définir le début, le milieu et la fin de votre histoire, et de vous assurer que chaque partie est clairement articulée.

2. **Trop de détails** : bien que les détails soient importants pour donner vie à votre histoire, en mettre trop peut submerger l'audience et la distraire de l'essentiel de votre histoire. Il est donc important de choisir judicieusement les détails que vous souhaitez inclure dans votre narration.

3. **Manque de cohérence** : l'histoire doit être cohérente et logique pour être efficace. Si les éléments de votre histoire sont contradictoires ou ne sont pas alignés les uns sur les autres, cela risque de semer la confusion et de réduire l'impact de votre message.

4. **Tonalité inappropriée** : la tonalité de votre histoire doit être adaptée à votre public et à l'objectif de votre histoire. Si elle est inappropriée ou mal adaptée, elle risque de passer à côté de sa cible.

5. **Problème d'identification avec l'audience** : si votre histoire ne prend pas en compte les attentes et les aspirations de votre public cible, elle risque de ne pas susciter leur intérêt ou leur adhésion.

6. **Manque de clarté** : l'histoire doit être claire et facile à comprendre pour l'audience. Si elle est trop compliquée ou si les idées ne sont pas clairement exprimées, elle risque de perdre son public.

En résumé, une histoire mal structurée ou incohérente peut faire échouer votre message, c'est pourquoi il est important de veiller à éviter ces pièges pour maximiser l'impact de votre storytelling.

2. Personnages plats et peu crédibles

Les erreurs courantes dans la création de personnages

L'une des erreurs les plus courantes dans la création de personnages dans une histoire est de les rendre plats et peu crédibles. Cela peut se produire lorsque les personnages sont stéréotypés ou manquent de profondeur. Les personnages doivent être suffisamment développés pour que le public puisse s'identifier à eux et ressentir une connexion émotionnelle avec eux. Les personnages plats peuvent également nuire à la crédibilité de l'histoire et rendre difficile pour le public de s'impliquer dans l'histoire.

Une autre erreur courante dans la création de personnages est de les rendre trop parfait ou trop mauvais. Des personnages trop parfaits peuvent sembler irréalistes et peu intéressants pour le public, tandis que des personnages trop mauvais peuvent sembler caricaturaux et peu crédibles. Les personnages doivent être suffisamment complexes pour être crédibles, mais aussi suffisamment intéressants pour que le public veuille en savoir plus sur eux.

Veillez à ce que les personnages soient cohérents tout au long de l'histoire. Les personnages ne doivent pas changer de personnalité ou de comportement de manière abrupte ou inattendue, sauf si cela est justifié par l'histoire elle-même. Les personnages doivent rester cohérents avec leur personnalité et leur comportement tout au long de l'histoire pour que le public puisse suivre leur évolution et s'impliquer dans l'histoire.

3. Quelques exemples de campagnes de storytelling qui se sont mal passés

La campagne publicitaire de Pepsi avec Kendall Jenner en 2017

En 2017, Pepsi a lancé une campagne publicitaire avec le mannequin et personnalité de télé-réalité Kendall Jenner, qui a rapidement suscité la controverse. Dans la publicité, Jenner quitte une séance photo pour rejoindre une manifestation de rue, où elle remet une canette de Pepsi à un policier, ce qui est censé symboliser l'apaisement des tensions entre les manifestants et les forces de l'ordre.

Cependant, la campagne a été critiquée pour sa superficialité et son manque de compréhension de la réalité des manifestations et des problèmes sociaux qu'elles soulèvent. Beaucoup ont estimé que la publicité était insensible et offensante, car elle semblait exploiter les mouvements de protestation pour vendre un produit. La campagne a également été accusée de minimiser les problèmes graves auxquels les manifestants étaient confrontés et de donner une image fausse et simpliste de la réalité.

La controverse a eu un impact significatif sur la marque Pepsi, qui a rapidement retiré la publicité et présenté des excuses. Cela a montré l'importance de la compréhension des enjeux sociaux et de la sensibilité à la culture et aux tendances en matière de communication lors de la création de campagnes de storytelling.

La campagne publicitaire de Dove en 2017

La campagne publicitaire de Dove en 2017 a été l'un des exemples les plus notables de storytelling qui ont mal tourné ces dernières années. Dans cette campagne, Dove a publié une publicité qui présentait une femme noire retirant son t-shirt pour révéler une femme blanche. La publicité a suscité une controverse immédiate en ligne, de nombreux critiques affirmant que la publicité était raciste et offensante. La campagne a rapidement été retirée et Dove a présenté ses excuses, affirmant que la publicité n'était pas destinée à être raciste mais avait été mal interprétée.

Cette campagne a mis en lumière l'importance de la représentation et de la diversité dans le storytelling. Si vous voulez raconter une histoire qui résonne avec votre public, il est crucial de comprendre leurs expériences et leurs perspectives, en particulier en ce qui concerne des sujets sensibles tels que l'identité. Il est également important de faire preuve de prudence lorsqu'il s'agit d'utiliser des images ou des symboles qui peuvent être interprétés de manière négative ou offensante.

La campagne de Dove a été un exemple de la nécessité de penser à toutes les implications possibles d'une histoire avant de la publier. Il est important de considérer tous les angles et de faire des tests auprès de différents publics pour s'assurer que l'histoire est claire, cohérente et pertinente pour votre public.

La campagne publicitaire de McDonald's en 2018

La publicité en question adopte un style cinématographique, racontant l'histoire d'un jeune garçon qui demande à sa mère de parler de son père décédé. Au fil de la conversation, le duo se rend dans un McDonald's où ils commandent un sandwich au poisson pané, présenté comme le plat préféré de son père. Cette révélation rapproche l'enfant de son père et le réconforte.

La publicité a suscité une vive réaction de la part des associations d'aide aux enfants qui ont dénoncé l'exploitation de la mort d'un parent pour vendre des hamburgers. La campagne a été largement critiquée sur les réseaux sociaux, obligeant McDonald's à retirer la publicité de tous les supports.

Cette polémique met en lumière l'importance de la sensibilité et de la délicatesse dans le choix des histoires à raconter dans le storytelling. Les marques doivent prendre en compte les valeurs et les émotions de leur public cible, et éviter les sujets potentiellement sensibles ou controversés.

Un art à bien maîtriser

Le storytelling peut être un outil puissant pour atteindre vos objectifs de communication, mais il peut aussi être un piège si vous ne prenez pas garde à certaines erreurs courantes.

La clarté et la cohérence de votre histoire sont essentielles pour la rendre compréhensible et mémorable. Les personnages plats et peu crédibles peuvent également ruiner l'efficacité de votre récit. Enfin, des exemples tels que les campagnes publicitaires malheureuses de Pepsi, Dove et McDonald's montrent l'importance de réfléchir attentivement aux implications et aux interprétations possibles de votre histoire.

Il est crucial de considérer votre public et les valeurs de votre marque pour éviter les faux pas et créer une histoire convaincante et pertinente.

Le storytelling est un art complexe qui nécessite une réflexion approfondie, mais les récompenses peuvent être considérables si vous l'exercez avec soin.

Donnez votre avis sincère sur Amazon !

Vos suggestions et critiques sont précieuses.

Elles permettent que chaque lecture soit encore plus satisfaisante !

Je vous remercie sincèrement d'avoir lu mon livre.

Je vous souhaite tout le succès que vous méritez !

Conclusion

Alors que nous arrivons à la fin de notre périple à travers "L'art du storytelling", j'espère que vous avez pu saisir toute la magie et la puissance des histoires, ainsi que leur rôle crucial dans le marketing et la communication. Les histoires ont la capacité unique de toucher notre cœur, de nous unir et de donner vie à nos expériences et à nos idées.

Au cours de notre voyage ensemble, nous avons exploré les fondements du storytelling, appris à reconnaître les éléments clés qui rendent une histoire captivante et découvert les secrets pour créer des récits émotionnels et inspirants. Nous avons également étudié comment le storytelling peut être utilisé pour donner une âme à votre entreprise et renforcer la connexion avec votre audience.

À présent, il est temps pour vous de mettre en pratique tout ce que vous avez appris. N'oubliez pas que l'art du storytelling est un processus en constante évolution, et que votre parcours en tant que conteur ne fait que commencer. Continuez à expérimenter, à apprendre et à affiner vos compétences pour créer des histoires toujours plus percutantes et mémorables.

Au-delà des techniques et des stratégies, rappelez-vous que le storytelling est avant tout une affaire de passion et d'authenticité. N'hésitez pas à partager vos expériences, vos émotions et votre vision du monde avec votre audience. C'est en étant sincère et en touchant le cœur de vos lecteurs que vous réussirez à créer des histoires qui résistent à l'épreuve du temps et qui marquent les esprits.

Enfin, souvenez-vous que le storytelling est un art qui se partage et se transmet. N'hésitez pas à échanger avec d'autres conteurs, à vous inspirer de leurs récits et à partager vos propres histoires. Ensemble, nous pouvons perpétuer l'art ancestral du storytelling et continuer à façonner notre monde à travers les histoires que nous racontons.

Je vous souhaite beaucoup de succès et de plaisir dans votre parcours en tant que conteur. Que vos histoires soient captivantes, émouvantes et inspirantes, et que vous trouviez toujours la magie et la beauté dans l'art du storytelling.

Bonne chance, et que l'aventure continue !

Thomas Deville

www.ingramcontent.com/pod-product-compliance
Lightning Source LLC
Chambersburg PA
CBHW070330220526
45467CB00001B/108

* 9 7 9 8 3 8 9 4 6 8 2 2 1 *